ACCESO GRATIS *a la Lectura en la Nube*

Para visualizar el libro electrónico en la nube de lectura envíe junto a su nombre y apellidos una fotografía del código de barras situado en la contraportada del libro y otra del ticket de compra a la dirección:

ebooktirant@tirant.com

En un máximo de 72 horas laborales le enviaremos el código de acceso con sus instrucciones.

LA IMPUNIDAD EN LOS DELITOS RELACIONADOS CON HECHOS DE CORRUPCIÓN EN EL CONTEXTO MEXICANO

LA IMPUNIDAD EN LOS DELITOS RELACIONADOS CON HECHOS DE CORRUPCIÓN EN EL CONTEXTO MEXICANO

Autores:

ARMANDO ENRIQUE CRUZ COVARRUBIAS

Universidad Panamericana. Facultad de Derecho
Álvaro del Portillo 49, Zapopan, Jalisco, 45010, México

RAÚL GUILLÉN LÓPEZ

Blvd. Luis Encinas y Rosales S/N, Col
Centro Hermosillo, Sonora, México

tirant lo blanch

Ciudad de México, 2025

En caso de erratas y actualizaciones, la Editorial Tirant Humanidades publicará la pertinente corrección en la página web www.tirant.com/mex/.

Este libro será publicado y distribuido internacionalmente en todos los países donde la Editorial Tirant lo Blanch esté presente.

Esta obra fue dictaminada bajo el principio doble ciego.

© TIRANT LO BLANCH
DISTRIBUYE: TIRANT LO BLANCH MÉXICO
Av. Tamaulipas 150, oficina 502
Hipódromo, Cuauhtémoc, 06100, Ciudad de México
TELFS.: +52 1 55 65502317
infomex@tirant.com
www.tirant.com/mex/
www.tirant.es
Librería virtual: www.tirant.es
ISBN: 978-84-1056-980-5

Si tiene alguna queja o sugerencia, envíenos un mail a: *atencioncliente@tirant.com*. En caso de no ser atendida su sugerencia, por favor, lea en *www.tirant.net/index.php/empresa/politicas-de-empresa* nuestro procedimiento de quejas.

Responsabilidad Social Corporativa: *http://www.tirant.net/Docs/RSCTirant.pdf*

Índice

Introducción

Buscar la respuesta a la pregunta ¿La justicia penal en México, ha sido un buen instrumento para inhibir las conductas delictivas en materia de corrupción? nos lleva a la necesidad de revisar el tema, desde una perspectiva integral y no aislada.

En este sentido, podemos afirmar que analizar la impunidad de forma parcial, es decir, sólo desde la perspectiva jurídica, y tratar de encontrar el origen de la impunidad de la cual han gozado diversos actores, especialmente los gobernantes, en la comisión de delitos relacionados con hechos de corrupción, no solo es inadecuado, sino que también limita la visión e impide comprender el fenómeno de manera completa y suficiente para encontrar estrategias viables para combatirla. Revisar el tema desde una visión integral nos permitirá, al menos, acercarnos a posibles estrategias para solucionar dicha problemática.

El análisis sistemático al que nos referimos, parte de varios enfoques que nos ayudarán a darnos cuenta por qué las cosas se encuentran en el estado actual, que, por cierto, es poco alentador.

Los enfoques que consideramos necesarios y que hemos tomado en cuenta parten de una visión histórica y son el político, el funcional (operativo) y el normativo. Intentaremos explicar cómo cada uno de estos factores ha influido en la generación de un ambiente inadecuado y complicado, cuyo efecto ha sido la escandalosa impunidad, casi siempre de servidores públicos y particulares que han llevado a cabo conductas delictivas relacionadas con hechos de corrupción.

Así pues, analizaremos si existen las condiciones adecuadas para que el control penal realmente funcione para inhibir delitos relacionados con hechos de corrupción o si solo ha funcionado cuando existe voluntad política, convirtiéndose en un instrumento de amenaza o revancha política, como ha ocurrido históricamente en las pocas veces en que ha sido eficaz. También se revisará, aunque solo de forma panorámica, cómo el nuevo proceso penal, producto de la reforma constitucional de 2008, se enfrenta a estos factores -no menores-, que nos arrojan a un escenario nada prometedor, por no decir fatalista y, cómo la implementación de una política pública de gran calado para combatir la corrupción, como lo ha sido el Sistema Nacional Anticorrupción (SNA), no han dado solución al fenómeno, y su eficiencia solo ha sido mínima.

En el capítulo primero se revisa de forma panorámica el factor político y cómo, desde la independencia de México, hasta nuestros días, los gobernantes, militares o civiles, salvo excepciones –si es que las hay- se han aprovechado del poder para enriquecerse o enriquecer a otros (familiares, amigos, círculos cercanos, etc.). Además, se analiza cómo, a través de sus omisiones, indiferencia e incluso contubernios, han sido permisivos y han fomentado actos de corrupción, algunos de ellos actualmente tipificados como delitos. Se trata de un repaso general a las malas prácticas y ejemplos de presidentes del siglo XIX hasta la fecha.

Lo anterior resulta relevante si tomamos en cuenta la concentración de poder político que han tenido históricamente una gran cantidad de presidentes y cómo, aprovechándose de ello, han optado por tomar el control del aparato penal. De ahí la falta de voluntad política para instruir procesos en su contra, en contra de sus empleados directos e indirectos, y en contra de los poderes legislativo y judicial. Esto último, mucho más marcado y evidente durante la presidencia de Porfirio Díaz en el siglo XIX, el presidencialismo mexicano en el siglo XX, y durante todo el siglo XXI, prácticamente.

En este contexto, generalmente, se ha carecido de condiciones para iniciar una investigación criminal en contra de los gobernantes y sus empleados. Ha sido prácticamente imposible, desde una perspectiva política, que haya voluntad de hacerlo, además de los obstáculos que existían debido al fuero que poseían por ley.

En el segundo capítulo analizaremos cómo el fuero contemplado a favor del presidente, gobernadores y otros altos funcionarios, previstos en la Constitución Política de los Estados Unidos Mexicanos y en las Constituciones locales, inhibió la sanción penal de las conductas delictivas relacionadas con hechos de corrupción perpetradas por los funcionarios públicos. De ahí que gozaran de total impunidad.

En el tercer capítulo llevamos a cabo un análisis de la evolución legislativa de los tipos penales relacionados con hechos de corrupción, a fin de tener un panorama -por lo menos general- del marco normativo que regula este tipo de delitos. Desde ya podemos adelantar que con ello se evidencia la carencia de delitos relacionados con hechos de corrupción durante largos periodos y penalidades bajas en comparación con otros delitos.

En el cuarto capítulo, se revisa cómo aspectos funcionales y normativos han impactado de forma negativa en el adecuado funcionamiento del sistema de justicia penal, sobre todo el procedimiento para nombrar fiscales generales, procuradores, ministerios públicos, y cómo la falta de independencia financiera no contribuye al combate de la corrupción en el interior de las instituciones encargadas de procurar y administrar justicia.

En el quinto capítulo se revisa cómo, a partir de la implementación del Sistema Nacional Anticorrupción en el año 2015, se ha hecho un esfuerzo sin precedente por realmente (o, por lo menos, esa era la idea) combatir la corrupción de forma organizada y sistemática a partir de una serie de reformas a la Constitución, a la legislación penal y la creación de fiscalías especializadas para su mejor combate. En este apartado se revisa cómo en el marco del Sistema Nacional Anticorrupción, desde una perspectiva funcional, las fiscalías especializadas en el combate a la corrupción (no solo la nacional, sino también las estatales) se enfrentan a grandes obstáculos que no permiten un adecuado funcionamiento y, por ende, los procesos penales instruidos en contra de servidores públicos y particulares no están adecuadamente integrados en tiempo y forma.

Atendiendo a lo expuesto, los resultados seguirán siendo magros y nada satisfactorios, situación que impactará en el funcionamiento de los ministerios públicos, más aún con las exigencias del todavía nuevo proceso penal mexicano.

También en este último capítulo se revisa cómo en el contexto del nuevo proceso penal con los llamados "juicios orales", hay una mayor exigencia a los ministerios públicos en materia argumentativa, probatoria y litigiosa. Esto, atendiendo a la situación ya referida, arroja un escenario complejo -en términos de funcionamiento y de eficiencia- para el empleo de la justicia penal como instrumento para inhibir conductas delictivas relacionadas con hechos de corrupción y, con ello, lograr que haya menos impunidad.

Durante el desarrollo del presente trabajo de investigación se darán elementos que nos ayudarán a dar respuesta a la pregunta planteada. No se trata de una respuesta cualquiera, sino de conocer por qué los presidentes, gobernadores, servidores públicos y particulares generalmente han gozado y gozan de una impunidad escandalosa en la comisión de delitos relacionados con hechos de corrupción.

Capítulo primero

El factor político y su impacto negativo en el funcionamiento de la justicia penal

Es indiscutible que la política está ligada al derecho y que, en no pocas ocasiones, este último está subordinado, de facto, a la primera. A lo largo de la historia, son innumerables los casos que verifican esta afirmación. En este capítulo se ofrecerá una exposición panorámica de cómo, durante el siglo XIX, en numerosos periodos, se presentaron casos escandalosos que revelan la sumisión de diversas autoridades responsables de procurar e impartir justicia al poder político, específicamente a los presidentes de la república en turno.

Estos episodios oscuros muestran claramente la impunidad del titular del Poder Ejecutivo, quién, a pesar de realizar conductas relacionadas con hechos de corrupción, logró evadir la justicia.

I. CAUDILLISMO, JUSTICIA PENAL Y CORRUPCIÓN DURANTE EL SIGLO XIX

En este apartado se realizará un repaso general, con una visión panorámica y ejemplificativa, de los antecedentes del siglo XIX. Nos centraremos en los gobiernos encabezados por algunos presidentes que han pasado a la historia, ya sea para bien o para mal, por la gran influencia que tuvieron en el proceso de construcción y consolidación de la nación mexicana: Santa Anna, Juárez y Porfirio Díaz[1].

Se trata de analizar cómo, durante sus gobiernos, el fenómeno de la corrupción en la esfera política estuvo presente, generando una cultura de permisibilidad y tolerancia por parte de la sociedad. Muchas de estas conductas relacionadas con hechos de corrupción formaron parte del escenario cotidiano no sólo político, sino también jurídico. El fenómeno de la corrupción es muy difícil de identificar "porque la corrupción engloba numerosas conductas siempre enunciadas, pero casi nunca bien definidas y tipificadas en la ley.... porque siendo conductas apartadas de la ley merecedoras de castigo, se practican a la sombra o de manera clandestina"[2].

Llama la atención la total impunidad que en términos generales gozaban los empleados de gobierno de los tres poderes e incluso ciudadanos, y la frecuencia con la que se presentaban en los diversos escenarios, desde el mismo Presidente de la República hasta empleados de menor rango, sin que hubiere (salvo excepciones) procesos penales y sanciones contra dichos funcionarios públicos y dichos ciudadanos.

Por lo que toca a Santa Anna, ha sido hasta hoy el que más veces ha ocupado la silla presidencial, aunque por tiempo

---

1 Desde luego, hay otros presidentes de suma relevancia, como Guadalupe Victoria, Vicente Guerrero, Ignacio Comonfort y Sebastián Lerdo de Tejada, entre otros. Sin embargo, solo abordaremos los casos de aquellos presidentes que, durante su gobierno, permitieron conductas delictivas relacionadas de forma directa e indirecta con hechos de corrupción. Por ello, nos enfocaremos en los mandatarios que más veces ocuparon la silla presidencial y aquellos que más tiempo duraron ejerciendo la titularidad del Poder Ejecutivo.

2 Amparo Casar, María, *México anatomía de la corrupción,* México, CIDE e IMCO, 2015, p.9.

limitado (no llegó al sexenio). Sin embargo, estuvo presente y tuvo gran influencia política en las primeras tres décadas de la incipiente nación mexicana.

Pues bien, el presidente Santa Anna 'el seductor de la Patria', -como es llamado en algunas obras- no solo tuvo una intensa actividad militar (por cierto, en muchas de las veces poco afortunadas, sobre todo en las invasiones de Estados Unidos a nuestro país), sino que también una actividad intensa en actividades relacionadas con hechos de corrupción.

Santa Anna no pertenecía a una familia adinerada, más bien era de clase media, sin embargo, durante los intervalos en los que ocupó la silla presidencial aumentó su riqueza personal de forma escandalosa[3].

Es indudable que Santa Anna se aprovechó del erario nacional, "no se puede negar que Santa Anna disfrutaba de los beneficios que le aportaba la presidencia: la posibilidad de aprovecharse del erario nacional como si se tratara de una cuenta bancaria privada, un "privilegio" del que gozaron tantos predecesores como sucesores suyos"[4].

Cabe resaltar que en aquella época las condiciones políticas y jurídicas no fueron las idóneas para que el presidente Santa Anna fuera sancionado penalmente, pues muchas de estas conductas relacionadas con hechos de corrupción no estaban reguladas como delitos de forma clara, o simplemente la corrupción no se encontraba regulada como tal. Desde luego, en términos normativos, era otro escenario muy diferente a la actualidad.

---

3 Fowler, Will (coord.), *Gobernantes mexicanos*, t. I: 1821-1910, México, Fondo de Cultura Económica, 2008, pp. 171-172.

4 Ibidem, pp. 179-180.

Durante la presidencia de Santa Anna existía la percepción de que había corrupción en su gobierno:

> el hecho de que Santa Anna y sus ministros amasaran una fortuna cuantiosa en esta época soltó un tufo de corrupción. Lo que, es más, la repetida reivindicación de la reconquista de Texas, al final, no consistió más que en un par de escaramuzas. Si bien al principio surtieron efecto los intentos de los santanistas de reconciliar medidas económicas librecambistas con políticas proteccionistas, finalmente chocaron con los intereses de los diferentes grupos que apoyaron y financiaron la revolución de 1841[5].

En lo que respecta a Benito Juárez, fue presidente por aproximadamente diez años hasta su muerte por enfermedad, siendo el primer presidente de origen indígena en llegar a la más alta posición política del país. En términos generales, Juárez no tuvo fama de ser corrupto, aunque sus detractores lo acusaban de dilapidación de fondos públicos para apoyar al gremio militar[6]. Sin embargo, Juárez utilizó el poder para tejer una red de lealtades:

> el ejercicio de la empleomanía fue, en las épocas de Santa Anna, Álvarez, Comonfort y Juárez, el eje sobre el cual giró la administración pública, estableciendo cada uno de estos gobiernos una red compleja de lealtades personales, de inclusiones y exclusiones, de amigos y enemigos, de camarillas y grupos opuestos entre sí, todo lo cual formaba solidaridades que por lo general obedecían más a conveniencias que a razones ideológicas, y menos aún a razones de competencia profesional.[7]

---

5 Ibidem, p. 182.

6 Cárdenas, Salvador, *Administración de justicia y vida cotidiana en el siglo XIX: elementos para una historia social del trabajo en la Judicatura Federal y en los Tribunales del Distrito,* Dirección General de Casas de la Cultura Jurídica y Estudios Históricos de la Suprema Corte de Justicia de la Nación, México, 2017, p. 33.

7 Ibidem, p. 40.

Dicha situación no solo no abonaba a la premiación de la disciplina y al mérito, sino que tenía efectos nocivos para el adecuado funcionamiento del gobierno en general:

> Desde luego que la esperanza debe estar fundada en una verdadera y posible premiación a la disciplina, al mérito y a la lealtad, pero cuando un golpe de Estado, un movimiento político o una eventualidad, incluso de poca importancia, llevan a romper la regla de los ascensos, se debilitan las relaciones de lealtad, se genera la corrupción y, desde luego, el desinterés por el trabajo que se realiza. Esto sucedió prácticamente en todas las etapas de la historia decimonónica, tanto en los tribunales como en las oficinas del Poder Ejecutivo y por supuesto, entre los grupos de poder de las cámaras de representantes[8].

Por lo que respecta a Porfirio Díaz, logró permanecer en el poder durante aproximadamente 30 años a través de diversas estrategias, entre ellas favores políticos. A principios del siglo XX, su prolongada permanencia en el poder evidenciaba que el manejo discrecional del poder por parte del General Díaz había sido efectivo. Mediante diversas estrategias políticas, algunas de las cuales podrían considerarse delitos de corrupción en la actualidad, Díaz logró mantener la estabilidad de la nación, otorgando a sus compañeros de armas empleos importantes en su administración, nombrándolos gobernadores de los estados, otorgando concesiones y repartiendo terrenos nacionales, entre otras acciones.

Al respecto, hay una gran cantidad de casos que demuestran que durante el gobierno del presidente Díaz se emplearon todo tipo de maniobras relacionadas de alguna manera con hechos de corrupción[9].

---

8 Ibidem, p. 46.

9 Madero, Francisco, *La sucesión presidencial en 1910*, México, Colofón, 2006, p. 138.

> (...) influencias políticas, el clientelismo, el favoritismo y los sobornos en la asignación de puestos en la creciente burocracia estatal o federal; de contratos con el gobierno, de ofertas para obtener el lucrativo cargo de ser intermediario entre los empresarios extranjeros y el mercado local, y designaciones para puestos políticos, fueran de elección popular o no[10].

A sus compañeros en el ejército y a los intelectuales, Díaz les aplicó la misma táctica: a los primeros "les dio en sus propias palabras –pan o palo-. Pan, en la forma de prebendas y concesiones económicas..."[11]. A los segundos "a los que en general despreciaba por -profundistas- los integraba al poder ofreciéndoles puestos en el congreso u otro tipo de canonjías"[12].

La influencia del presidente Díaz sobre el Poder Judicial fue nefasta para el adecuado funcionamiento de este último:

> Para la época del Porfiriato esta situación se tornó aún más compleja, en la medida en que dio pie a un sinnúmero de irregularidades y actos de corrupción, pues los jueces fácilmente inclinaban la balanza a favor de los intereses del cacique o del jefe político cuando aquello les repercutía en una mejora personal en su ingreso. Más que una serie de hechos aislados, aquello parece reflejar un malestar general del país que, como es sabido, se resolvería después con una revolución[13].

---

10 Fowler, Will (coord.), *Gobernantes mexicanos...*, Op. Cit., p. 386.

11 Krauze, Enrique, *Siglo de caudillos. Biografía política de México (1810-1910)*, Barcelona, Tusquets Editores, 1994, p. 307.

12 Ídem.

13 Cárdenas, Salvador, *Administración de justicia y vida cotidiana en el siglo XIX*, Op. Cit., p. 209.

II. LA CORRUPCIÓN POLÍTICA E IMPUNIDAD EN EL ÁMBITO PENAL DURANTE EL PRESIDENCIALISMO MEXICANO (SIGLO XX)

La dictadura de Díaz logró, a través de diversas estrategias, permanecer en el poder hasta la primera década del siglo XX, pues muchas de estas estrategias (nos referimos a "favores políticos") serían considerados delitos de corrupción en la actualidad.

Para la segunda década del siglo pasado, ante las crisis económica y política (entre otros factores) se dio un movimiento social, la Revolución Mexicana, mediante la cual se buscaba disminuir la desigualdad escandalosa que había en México, la repartición de tierras a los campesinos, dotar de derechos laborales a la clase obrera, etc. Como resultado de este movimiento, se otorgaron más garantías individuales y se plasmaron garantías sociales en el texto constitucional.

Se habló muy poco o nada de la corrupción política, aunque se hizo referencia a la corrupción que se sustraía y padecía en el rubro criminal y en los tribunales de justicia.

Una vez estabilizado el país, después de la Revolución Mexicana, durante el gobierno del presidente Carranza la escuela porfiriana no pasó desapercibida, pues durante su régimen "descubrió en el soborno una vía eficiente y barata para comprar a los generales"[14].

En este sentido, Jesús Silva-Herzog Márquez afirma: "Al distribuir los frutos de la revolución entre sus protagonistas se evitaban los conflictos. La corrupción se convirtió así en un eficaz mecanismo de control político, un pegamento de lealtades, un abortivo de rebeliones"[15].

---

14 Silva-Herzog, Jesús, *El antiguo régimen y la transición en México,* México, Editorial Planeta, 1999, pp. 44-45.

15 Ibidem, p. 45.

El gremio militar, cuya influencia se dejó sentir de forma intensa en el siglo XIX y todavía en las primeras cuatro décadas del siglo pasado, jugó un papel importante en la política mexicana. Sin embargo, su comportamiento en cuanto a la gestión del poder político y los recursos públicos no fue siempre adecuado. Esto conllevó a la realización de conductas relacionadas con hechos de corrupción, en un contexto de deficiente regulación normativa y nula voluntad política para la aplicación de sanciones penales. Además, los presidentes de la república gozaban de impunidad, ya que era muy difícil y complejo, por no decir prácticamente imposible, que fueran enjuiciados penalmente. Al respecto Krauze afirma: "es cierto que los generales revolucionarios se habían enriquecido gracias a sus puestos: Obregón, Calles, Cárdenas y Ávila Camacho tenían ranchos que no hubiesen podido adquirir únicamente con sus sueldos de militares"[16].

La transmisión del poder por parte de los militares a los civiles no cambió esta tendencia histórica de servirse del poder para enriquecerse. El primer presidente de la república mexicana no militar fue el "Cachorro de la Revolución" (como le decían), nos referimos a Miguel Alemán Valdés, abogado de profesión que llegó al poder para comportarse como empresario y hacer negocios para enriquecerse. En términos modernos, fue el arranque y establecimiento de las cleptocracias (la institucionalización del robo) en los gobiernos de civiles, estos últimos mejor "formados", por lo menos en el papel, que los militares. Este fenómeno deplorable se consolidó no solo con los presidentes, sino también con los gobernadores en los estados y presidentes municipales.

El "Cachorro de la Revolución", durante su sexenio de 1946 a 1952, disfrutó de un poder absoluto. En esta época, el que

---

16 Krauze, Enrique, *La presidencia imperial. Ascenso y caída del sistema político mexicano (1940-1996)*, México, Tusquets Editores, 1997, p. 111.

entraba le debía el cargo al que salía y le cubría las espaldas, situación que no ha cambiado hasta la fecha. Para finales de este sexenio, más allá de los avances en la economía, Lombardo Toledano amargamente describía "la mordida, el atraco, el cohecho, el embute, el chupito, una serie de nombres que se han inventado para calificar esta práctica inmoral" y por lo que toca al campo de la justicia "hay que comprarla, primero al gendarme, luego al Ministerio Público, luego al Juez, luego al alcalde, luego al diputado, luego al gobernador, luego al ministro, luego al secretario de Estado"[17].

Es verdad que Lombardo no mencionó al presidente, pero para todos era conocido y era un secreto a voces que el Presidente de la República se servía con la cuchara grande, aprovechando su cargo para participar en el ramo empresarial y, hacerse de ranchos, como sus antecesores.

Estos malos ejemplos del titular del Ejecutivo permearon de forma negativa en la sociedad en general, pues en este contexto de relajación y permisibilidad se creó una cultura de tolerancia con relación a la mordida: "de hecho, los niveles de corrupción característicos de México son propios de una sociedad en la que ni gobernantes ni gobernados gustan del imperio de la ley y en los que la justicia puede comprarse"[18]. Esto, según Krauze[19], porque se creía que los políticos eran "dueños" del poder y podían hacer su "regalada gana", o porque sabían que contra el uso impune del poder no había recurso eficaz.

Durante este sexenio, la acumulación de poder en una sola persona (como ya era una costumbre en la historia mexicana)

---

17 Ibidem, p.112.

18 Amparo Casar, María, *México. Anatomía…*, Op. cit., p. 27.

19 Krauze, Enrique, *La presidencia imperial. Ascenso y caída del sistema político mexicano,* Op. cit., p. 112.

tuvo como efecto los problemas de siempre: ineficiencia, abusos, derroche, servilismo y, desde luego, corrupción[20].

Afortunadamente cuando se acabó el sexenio, el impedimento legal de no reelección fue un obstáculo para que este abogado continuara y, además, acató otra regla no escrita: "el presidente entrante podía ejercer con toda largueza el nepotismo, pero no al extremo de heredar la silla presidencial a sus hijos biológicos o a sus hermanos... debían ser miembros de la familia revolucionaria"[21].

A la llegada de Adolfo Ruiz Cortines las cosas "cambiaron" y desde la toma de protesta envío un mensaje a la nación y dio algunas señales de esperanza de que no habría excesos y malos manejos en su gobierno. Así, al día siguiente de anunciar su gabinete, publicó la lista completa y detallada de sus bienes patrimoniales, hecho inédito en la historia de la política mexicana. Además, exigió que todos los empleados públicos también hicieran lo mismo, advirtiéndoles que al finalizar el sexenio esas declaraciones patrimoniales se verificarían de inmediato[22].

Lamentablemente el presidente tal vez estimó, erróneamente, que con dar el ejemplo de honestidad a los demás, tendría un efecto en su gabinete y en el gobierno en general, lo cual no ocurrió. Más aún, por no haber actuado legalmente en contra de Alemán, e incluso penalmente en contra de sus amigos. Como señala Amparo Casar: "los actos de corrupción se dan entre actores públicos y privados y también entre actores privados sin la intervención de funcionario alguno"[23].

Si bien, construyó y fincó los cimientos de impunidad (derecho no escrito) a favor de los presidentes, que eran intocables,

---

[20] Ibidem, p. 164.

[21] Ibidem, pp. 109-110.

[22] Ibidem, p. 176.

[23] Amparo Casar, María, *México. Anatomía...*, Op. cit., p. 27.

no le fue tan mal en términos de desprestigio público, tal como lo padeció el presidente Alemán y otros amigos que fungieron como funcionarios públicos[24].

Hay un aforismo aplicable en este caso: "una gaviota no hace verano". Ruíz Cortines era la excepción a la regla y su mayor pecado fue no haber hecho más cuando pudo y dejó que las cosas fueran diferentes, pero iguales en el fondo; de ahí que "fuese desde entonces sujeto de incontables anécdotas sobre su sencillez, solvencia y honradez es sintomático de lo extraña que esa conducta parecía en un ambiente público donde la corrupción, el desorden, y el despilfarro se daban por descontado"[25].

Según algunos críticos de la época, con la llegada de Adolfo López Mateos (excelente orador, por cierto), las cosas no fueron del todo diferentes con relación a los sexenios de Ruíz Cortines y Alemán. Se trataba, según ellos, de "una hegemonía generacional, un 'alemanismo' con diversos matices... Exhiben la ostentación de la burguesía, la corrupción administrativa"[26].

Gustavo Díaz Ordaz (1964-1970), abogado de profesión y fanático del orden, fue un presidente que no se caracterizó por tener un afán de enriquecerse, traía otros demonios no muy gratos que aplicó a rajatabla. Nos referimos a la intolerancia y al gusto por la represión, que quedaron para la historia en los hechos ocurridos en 1968.

El periodo de Díaz Ordaz es considerado como uno de los más sangrientos, por causa de la muerte de estudiantes en Tlatelolco, hecho sucedido un par de años antes de que se terminara su mandato, en donde se acusaba la irrupción de

---

24 Krauze, Enrique, *La presidencia imperial...*, Op. cit., p. 178.

25 Ibidem, p. 183.

26 Ibidem, p. 255.

militares vestidos de civiles en una manifestación de estudiantes que pedían mejoras en el sistema educativo mexicano, así como la liberación de presos políticos[27].

No se sabe con exactitud el número de estudiantes muertos del fatídico 2 de octubre. Se habla de distintas cifras. Tampoco existe consenso de quién fue el autor intelectual: se dice que fue Gustavo Díaz Ordaz, que fue Luis Echeverría Álvarez o que fue Marcelino García Barragán; lo que sí es que a los tres se les recuerda como los acusados de la detención y desaparición de los estudiantes.

Durante el mandato de Díaz Ordaz, el "orden" estuvo de la mano con la corrupción que continuó en las oficinas gubernamentales. En su periodo floreció una práctica corrupta en el periodismo mexicano, todavía arraigada en la actualidad: el llamado 'chayote', esto es, el pago en cheque o dinero en efectivo que la oficina del presidente entregaba a quienes cubrían la fuente periodística presidencial.

Al dejar la presidencia Gustavo Díaz Ordaz, como ya era una regla no escrita, por dedazo, eligió a su sucesor, en aquel entonces el secretario de gobernación Luis Echeverría, que por su servilismo supo ganarse la simpatía del presidente para que lo nombrara su sucesor (aunque después confesó no haberlo conocido realmente).

Luis Echeverría (1970-1976), vivió uno de los pasajes más obscuros de represión en la historia de México. Cuando ocupó el cargo de Secretario de Gobernación, en el periodo presidencial de Gustavo Díaz Ordaz, como lo señalábamos anteriormente, reprimió una manifestación de estudiantes

---

27 En 2006, un juez federal determinó que fue Echeverría Álvarez el que orquestó y preparó la destrucción del Consejo General de Huelga, que habían formado un grupo de estudiantes opositores al presidente Díaz Ordaz.

que exigían mejores condiciones democráticas al interior de las Universidades Públicas[28].

Al momento de asumir Luis Echeverría la titularidad del Poder Ejecutivo, el país se encontraba en un momento complicado, habían pasado dos años de la matanza de estudiantes en la plaza de las tres culturas de Tlatelolco.

En su mandato, poco se sancionó a personajes miembros de su gabinete. Fue hasta la presidencia de Miguel de la Madrid, quien impulsó la llamada "renovación moral de la sociedad"[29], cuando fueron encarcelados Eugenio Méndez Docurro, quien fungió como Secretario de Comunicaciones y Transportes, y anteriormente había fungido como Director del Politécnico, y Félix Barra García, quien fue Secretario de la Reforma Agraria e investigado por actos de corrupción[30].

Echeverría fue detenido en 2005, acusado de genocidio, por los hechos ocurridos en la masacre de 1968. Sin embargo, el juez encargado del caso le dictó un breve arresto domiciliario para después exonerarlo de toda acusación.

Luis Echeverría, para tranquilizar las aguas por los agravios realizados al movimiento estudiantil (1968) y preservar el sistema político, llevó a cabo una estrategia de "apertura democrática" e invitó a su gabinete (y al gobierno en general), a

---

28 Cossío Villegas, Daniel. *El Estilo Personal de Gobernar,* México, Editorial Joaquín Mortiz, S.A., 1974, p.12 y ss.

29 Márquez, Daniel y Camarillo, Beatriz, "Reflexión en torno al fenómeno de la corrupción en México y Singapur", en *La Constitución y el combate a la corrupción,* Antonio María Hernández y Diego Valadés (coords.), México, UNAM, Instituto de Investigaciones Jurídicas e Instituto de Estudios Constitucionales del estado de Querétaro, 2022, p. 242.

30 Romero, Jorge, "La historia sin fin de la corrupción en México ", *Sin Embargo,* México, disponible en: https://www.rendiciondecuentas.org.mx/la-historia-sin-fin-de-la-corrupcion-en-mexico/

universitarios, los cuales se incorporaron. Además, hubo un incremento significativo de subsidios a universidades, ya para el final del sexenio "el 'nuevo Cárdenas' terminaba su gestión como un nuevo Alemán: había buscado el Premio Nobel, había maniobrado para su reelección, había amasado una fortuna[31].

En fin, Luis Echeverría se inclinó por nombrar como su sucesor a un compañero de viaje en su época de juventud: José López Portillo, un hombre carismático y quien aceptaba con gusto el prestigio de macho, un orador elocuente cuyas frases discursivas no daban solución a los graves problemas del país[32].

El periodo de gobierno de López Portillo (1976-1982) estuvo marcado por el tráfico de influencias y el nepotismo. Algunos de sus familiares se vieron favorecidos con nombramientos como su primo Guillermo, a quién le otorgó el cargo de director del Instituto Nacional del Deporte; su hermana Margarita, quien estuvo al frente de la Dirección General de Radio, Televisión y Cinematografía, y su gran amigo Arturo Durazo, como Director General de Policía y Tránsito del Distrito Federal.

En su sexenio, la producción petrolera aumentó de manera exponencial, pues de producir 11 mil barriles diarios, en sólo dos años se aumentó a la cifra histórica de 40 mil barriles diarios, situación que colocó a México en los primeros lugares de producción de crudo, compitiendo con los grandes productores del mundo como Arabia Saudita.

A pesar de la bonanza en la extracción del petróleo y otros petroquímicos, nuestro país no se vio beneficiado, pues para aumentar la producción del crudo se tuvo que recurrir a préstamos externos que terminaron absorbiendo cualquier tipo de ganancia.

---

31 Krauze, Enrique, *La presidencia imperial...*, Op. cit. pp. 369-370.

32 Krauze, Enrique, *Crítica al poder presidencial 1982-2021*, México, Editorial Debate, 2021, p. 23 y ss.

Para 1979, México vivía una racha positiva en la producción petrolera. Lamentablemente, dos años después el precio del llamado 'oro negro' disminuyó a niveles muy bajos, trayendo como consecuencia problemas económicos graves para el país. A pesar de la crisis, López Portillo se negaba a devaluar el peso, de ahí su famosa frase "defenderé el peso como un perro"; pero a pesar de las buenas intenciones del Ejecutivo, el tipo cambiario pasó de 22 a 70 pesos por dólar y, como una acción desesperada, el presidente nacionalizó la banca mexicana, lo que trajo como consecuencia el rompimiento de relaciones con el sector empresarial.

Al combinarse todos estos factores, aunado al tráfico de influencias, el amiguismo y la corrupción, se llevó al país a una de las peores crisis económicas.

Combatir la corrupción "no es tan fácil conseguirlo, pues la corrupción tiene una gran capacidad osmótica, de manera que infiltra las esferas del poder incumbidas de combatirlo y, además se camufla de manera hábil y eficaz"[33].

En esta era presidencial y de nepotismo, destaca sin duda el nombramiento del polémico Arturo Durazo, de quien se dice que fue compañero en la primaria de Luis Echeverría y López Portillo, de ahí nació la gran amistad con este último.

A Durazo se le describe como un ícono de la corrupción en México, donde gracias a las extorciones tanto a la ciudadanía como a sus subordinados cuando estuvo al mando de la Dirección General de Policía y Tránsito, logró grandes fortunas que

---

[33] Valadés, Diego, "Consideraciones teóricas sobre constitucionalismo y corrupción, en la Constitución y el combate a la corrupción", en *La Constitución y el combate a la corrupción,* Antonio María Hernández y Diego Valadés (coords.), México, UNAM, Instituto de Investigaciones Jurídicas e Instituto de Estudios Constitucionales del estado de Querétaro, 2022, p. 331.

incluían enormes y lujosos inmuebles, como una casa en el Ajusco que contaba con caballerizas, discotecas y más, y el llamado Partenón, construcción hecha con características arquitectónicas del olimpo griego ubicada en Zihuatanejo, Guerrero.

López Portillo, ejerció el poder sin contrapesos llegando a excesos escandalosos: "Ahora sí quería el poder, todo el poder, para él y también para los suyos: su hermana y su primo ya tenían altos puestos; faltaba su hijo, el economista José Ramón López Portillo: le encargaría la Subsecretaría de Programación y Presupuesto y lo llamaría "el orgullo de mi nepotismo"[34].

Al final del sexenio se vino una crisis en la economía mexicana ocasionada por la improductividad, el despilfarro y la corrupción, tal y como en su momento lo había presagiado Zaid[35].

México, todavía no salía del asombro cuando arriba al poder Miguel de la Madrid (1982-1988), quien se enfrentó a una de las mayores crisis económicas, proyectada por una fuerte devaluación del peso, índices inflacionarios elevados y una gran pérdida del poder adquisitivo.

Miguel de la Madrid ya había estado como funcionario público en los sexenios de Gustavo Díaz Ordaz y de Luis Echeverría

---

34 "Y faltaba una presencia aún más cercana, íntima; no la esposa, que dilapidaba fortunas en sus viajes a Europa cargando con un piano de cola para exhibir sus dotes de concertista sino su "novia", una hermosa mujer de la generación del 68, morena como la Malinche, doctora en Física, ex esposa del hijo mayor de Echeverría: Rosa Luz Alegría. No se casó con ella, pero, según Reyes Heroles, quería nombrarla Secretaria de Educación. Horrorizado de ver el destino que esperaba a la Secretaría de Vasconcelos, Reyes Heroles pudo todavía interponer su influencia, pero no disuadió a "Pepe" de nombrarla ministra de Turismo". Krauze, Enrique, *La presidencia imperial...,* Op. cit., p. 391.

35 Ibidem, p. 393.

Álvarez, en donde ejerció los cargos de Subdirector de Crédito en Hacienda y Subdirector en Pemex, respectivamente.

En mayo del 2009, en una entrevista, De la Madrid señaló que su sucesor (Carlos Salinas) se había robado el dinero de la partida secreta, y que Raúl Salinas -hermano del expresidente Carlos Salinas- tenían vínculos con el narcotráfico; poco después en una carta señaló que padecía de problemas mentales y que no fueron verdaderos sus señalamientos contra su sucesor y el hermano de este.

Se dice que Miguel de la Madrid fue el primer presidente de perfil académico y tecnócrata: estudió Derecho en la Universidad Nacional Autónoma de México y, posteriormente, una Maestría en Administración Pública en la Universidad de Harvard, cuestión que lo ayudó para ser elegido candidato del PRI.

Cuando llegó a la presidencia nombró en su gabinete a personajes con una formación de posgrado en el extranjero, algunos de ellos fueron Jesús Silva Herzog y Gustavo Petriccioli, ambos con estudios en Yale; Carlos Salinas, con estudios en Harvard, y Pedro Aspe, con estudios en Massachussets. La llegada de estos perfiles fue la que incomodó a los viejos líderes del PRI, por lo que Cuauhtémoc Cárdenas, Porfirio Muñoz y Andrés Manuel López Obrador, crearon una especie de corriente democrática dentro de este partido para contrarrestar la posible pérdida de poder.

Como era de esperarse, el sexenio de Miguel de la Madrid se caracterizó por ideas neoliberales, políticas de globalización y apertura comercial como medidas para solucionar problemas como la crisis económica y la deuda externa que venía padeciendo México.

En su polémica entrevista, Miguel de la Madrid reconoció varios actos de corrupción en el periodo de su gobierno, entre los cuáles se encuentra también el de Joaquín Hernández Galicia, alías "La Quina", a quien señaló de importar ilegalmente armas al país, beneficiarse con contratos de Pemex y de la venta de plazas dentro de la petrolera mexicana[36].

Se dice que, desde la llegada de Miguel de la Madrid al poder, se respiraba en el ambiente la incertidumbre y, según Krauze, "había una sensación de haber sido víctima de un gran engaño, las evidencias de la más alucinante corrupción..."[37]. En este escenario, el programa de 'renovación moral de la sociedad' era la carta fuerte del presidente De la Madrid; para muchos era algo así como una declaración de guerra contra la corrupción, la gente aspiraba a tener un gobierno menos corrupto[38].

Miguel de la Madrid estimó erróneamente (tal como hizo el presidente Ruiz Cortines y actualmente López Obrador) que solo era necesario su comportamiento ejemplar para acabar con la corrupción, esto es, practicar personalmente una ética de la abstención y dejar atrás los excesos. Si bien se hicieron reformas penales para incluir nuevos delitos relacionados con hechos de corrupción, en la práctica fueron pocos los ajusticiados por estos delitos[39]. Reformas que en la práctica

---

36 Entrevista transmitida por Noticias MVS en 2009, bajo la conducción de Carmen Aristegui. Disponible en el canal de Youtube de 'Aristegui Noticias', en la liga https://www.youtube.com/watch?v=haqtx9ZpeH8

37 Ibidem, p. 399.

38 Ibidem, p. 402.

39 El 19 de marzo de 1986 los obispos de Chihuahua, Torreón, Tarahumara, Ciudad Juárez y Nuevo Casas Grandes publicaron la exhortación pastoral "Coherencia cristiana en la política" dirigida "a los católicos que militan en los partidos políticos". El documento atacaba al sistema político en dos flancos: "la intolerancia y absolutismo de un solo partido" (prácticas "totalitarias" contra las que se declaró, expresamente, el Concilio Vaticano Segundo), y la "corrupción" que se ha apoderado desde hace tiempo de las instituciones" y cuya causa primera es la "reticencia que se tiene a abrirse

han resultado inútiles, generando más jueces que culpables y convirtiendo a la justicia en prófuga de los tribunales.

Ahí están los informes de gobierno que rindió Miguel de la Madrid: durante los seis años no se hace una sola mención de los resultados obtenidos en cuanto a sancionados por vía administrativa y penal.

Para 1988, con la llegada al poder de Carlos Salinas de Gortari (1988-1994), -para muchos con toda seguridad mediante un fraude electoral- las cosas en términos de corrupción fueron por demás evidentes. Así, tenemos que a pesar de que muchas empresas estatales eran deficitarias pero viables (con una adecuada administración), el gobierno las puso en venta.

Su sexenio se caracterizó por el gran interés gubernamental en la apertura comercial, teniendo como ejemplo la firma del Tratado de Libre Comercio con Estados Unidos y Canadá, en enero de 1994. Buscaba la colaboración en temas económicos de México con dichas naciones.

Salinas anhelaba la transformación de los campos de cultivo mexicano, por lo que promovió la reforma al artículo 27 constitucional para permitir, entre otras cosas, la venta y renta de las tierras ejidales, y con ello autorizar a empresas privadas para que pudieran arrendar las tierras ejidales y así permitir la instalación de naves comerciales. Además, en este sexenio se crearon los Tribunales Agrarios para tratar de resolver los innumerables conflictos agrarios que se venían arrastrando de antaño.

Como se puede apreciar, otra vez el Poder Ejecutivo diseña cambios institucionales -como es el caso de la creación de

---

a una sincera y auténtica democracia": "La falta de democracia en un partido revela al voluntad decidida de ejercer el poder de una manera absoluta e ininterrumpida. Y el poder absoluto, en manos humanas, necesariamente limitadas, lleva inexorablemente a la corrupción". Ibidem, p. 406.

los Tribunales Agrarios- que dependen de él mismo, que están bajo su subordinación, para mantener el control sobre decisiones jurídicas que así le convengan y poder manejar, a su antojo, actos de corrupción.

En el mandato de Salinas se privatizaron numerosas empresas del Estado mexicano. Las presiones o condiciones para entrar al Tratado de Libre Comercio incluyeron la de reducir el aparato gubernamental. Se dice que, de 1982 a 1999, de 1115 empresas estatales existentes al inicio del periodo se privatizaron 912, quedando solo 203 a cargo del gobierno[40].

A pesar de las privatizaciones y las reformas en el tema agrario, la pobreza de nuestro país seguía creciendo, sumado a que, gracias a la posibilidad de las empresas privadas para poseer tierras ejidales, varias comunidades indígenas fueron despojadas de sus parcelas con base en procesos amañados en los Tribunales Agrarios y defensas jurídicas raquíticas.

La pobreza en México se agudizó en la etapa final del mandato de Carlos Salinas y poco más de la mitad de los ciudadanos vivía en la pobreza extrema.

Este descontento social originó el levantamiento del autodenominado Ejército Zapatista de Liberación Nacional (EZLN), en el estado de Chiapas. El levantamiento armado duró 12 días, generando un enorme interés en los medios de comunicación internacionales. Se ventiló que el programa económico neoliberal solo sirvió para que se enriqueciera el presidente y un grupo de empresarios mediante ventas, contratos y licitaciones arregladas y amañadas[41].

---

40 Torres, Octavio, "6 momentos clave del sexenio de Carlos Salinas de Gortari", *Expansión política,* 26 de abril de 2022, https://politica.expansion.mx/mexico/2022/04/26/6-momentos-clave-del-sexenio-de-carlos-salinas-de-gortari

41 Krauze, Enrique, *La presidencia imperial...*, Op. cit. pp. 425-426.

Pero los escándalos no terminaron ahí: ya para finalizar su sexenio, los homicidios de Luis Donaldo Colosio y de Francisco Ruiz Massieu iniciaron la pesadilla de final de mandato, y culminaron con el destape de la cloaca de corrupción que se había acumulado en el periodo de gobierno de Carlos Salinas, donde su hermano Raúl Salinas era un protagonista destacado.

De manera frecuente, la prensa nacional e internacional publicaba noticias sobre los turbios manejos de Raúl Salinas: el nepotismo, la corrupción, la venta de favores, el uso y desvío de los fondos públicos, la apertura de cuentas multimillonarias en Suiza y hasta los jugosos contactos de los políticos con el narcotráfico.

El asesinato de Luis Donaldo Colosio ocurrió el 23 de marzo de 1994. Fue, sin duda, el suceso que manchó de sangre el sexenio de Carlos Salinas. El homicidio se investigó con muchas fallas en el proceso, lo que llevó a señalamientos contra Carlos Salinas como el autor de crimen. Salinas siempre lo ha negado.

Posteriormente llegó al poder Ernesto Zedillo (1994-2000), quien tuvo un turbulento inicio plagado de problemas económicos, asesinatos, levantamiento de grupos guerrilleros y corrupción en los órganos del Estado. Algunas de las ejecuciones más emblemáticas y tristes fueron, sin duda, los casos de Aguas Blancas y de Acteal. Entre los políticos señalados de corrupción en el sexenio de Zedillo estuvieron Oscar Espinosa Villareal y Mario Villanueva.

Zedillo enfrentó al inicio de su administración una fuerte devaluación monetaria conocida como "el error de diciembre", donde se tuvo la necesidad de crear el Fondo Bancario de Protección al Ahorro (FOBAPROA), protegiendo a los accionistas bancarios en detrimento de los bolsillos de la población en general, ya que de los impuestos pagados por los mexicanos se creó el fondo, mismo que sólo benefició al sector bancario y endeudó a la población mexicana. Hasta el día de hoy, se sigue pagando con los impuestos de los mexicanos.

El nombramiento de Zedillo como candidato del PRI, llevó a especulaciones de que sería un presidente que sólo obedecería a Carlos Salinas de Gortari, pues fue este último el que lo designó como candidato, después de la muerte de Colosio. La anterior especulación cambiaría radicalmente con la detención de Raúl Salinas de Gortari, hermano del expresidente Carlos Salinas de Gortari, ocurrida el 01 de marzo de 1995.

En su momento, se dijo que Ernesto Zedillo -para dar un 'golpe de autoridad'- lo mandó detener, acusándolo del asesinato de José Francisco Ruíz Massieu y del delito de Enriquecimiento ilícito, pues las autoridades mexicanas le detectaron varias cuentas bancarias radicadas en Suiza que sumaban alrededor de 130 millones de dólares. También fue acusado del desvío de cerca de 15 millones de dólares de una de las partidas secretas de la administración de su hermano, el expresidente Carlos Salinas. A pesar de haber pisado el Centro Penitenciario de Almoloya de Juárez, en 2005 salió bajo fianza después de que un juez decretara su libertad por falta de pruebas.

Aquí está la prueba de cómo el factor político influye en las decisiones judiciales, pues "el pensamiento de que la corrupción se combate exclusivamente con Derecho penal es tan candoroso como irreal. Sólo con Derecho penal no se vence a la corrupción. Es más, se cierne el peligro de corromper los pilares de un derecho penal garantista"[42].

Zedillo intentó desmantelar la red de influencia de su antecesor Carlos Salinas, y en cuanto al tema de la corrupción, no

---

[42] Del Moral García, Antonio, "Justicia penal y corrupción", en *Análisis singularizado de la ineficacia procesal, en prevención y tratamiento punitivo de la corrupción en la contratación pública y privada,* Luisiana Valentina Graffe González (coord.), España, Dykinson, S.L., 2013, p. 51.

se le puede comparar con aquél. Tampoco existe similitud en cuanto a enriquecimiento personal, ya que no se aprovechó del poder ni se sirvió 'con la cuchara grande'.

Durante el gobierno de Zedillo, salvo la detención de Raúl Salinas, no hubo resultados espectaculares en cuanto a servidores públicos sancionados penalmente por delitos relacionados con hechos de corrupción. Para el periodista Villamil "el combate a la corrupción quedó en expedientes menores: el banquero Jorge Lankenau Rocha fue el chivo expiatorio de las investigaciones sobre las irregularidades en la privatización de la banca durante el salinismo. Lo mismo sucedió con los banqueros Carlos Cabal Peniche y Ángel Isidoro Rodríguez, el Divino"[43].

III. LA DEMOCRATIZACIÓN DEL PAÍS (CONTINÚA LA IMPUNIDAD PRESIDENCIAL)

La llegada de un nuevo milenio (XXI) fue acompañada del rompimiento del régimen presidencialista. México vivía un nuevo escenario, por cierto, desconocido por la clase política. A pesar de que en la Constitución Política de los Estados Unidos Mexicanos estaba contemplada la vigencia de un nuevo gobierno democrático, de facto esto había ocurrido por lapsos cortos en la historia mexicana.

La llegada de Vicente Fox a la presidencia de la República (2000-2006) significaba el fin del presidencialismo, con un único partido político que había prevalecido en el poder durante décadas. Ya en los estados había gobernadores de otros partidos políticos y, a nivel federal desde 1997, el PRI no tenía mayoría en ninguna de las Cámaras del Congreso de la Unión.

---

[43] Villamil, Jenaro, *Cleptocracia. El nuevo modelo de la corrupción,* México, Grijalbo, 2018, pp. 57-58.

En este escenario se abrió la oportunidad de un cambio a la inercia histórica en materia de corrupción política, pero ello simplemente no ocurrió:

> Como quedó asentado, las posibilidades de cambio político que se abrieron al finalizar el siglo pasado fueron genuinas. Sin embargo, los personajes e intereses responsables de llevar adelante ese cambio con el que se había comprometido en la campaña electoral nunca estuvieron a la altura de la circunstancia. El grupo que, como gustaba decir, "asaltó Palacio", con Vicente Fox a la cabeza, decidió simplemente administrar su victoria pero sin aventurarse a cumplir con lo que era la esencia de su responsabilidad histórica: emplear su enorme legitimidad para poner punto final a las viejas estructuras y prácticas autoritarias, dar cara al antiguo sistema con su historia de ilegalidad, abuso y corrupción, y movilizar a la sociedad para profundizar una democratización que apenas se iniciaba[44].

Ya con relación al fenómeno de la corrupción, con la llegada de Vicente Fox (2000-2006) y, con él, la alternancia democrática, las cosas no cambiaron mucho[45], pues su sexenio se vio manchado de actos de corrupción con el asunto de los hijos de su esposa, Martha Sahagún, por los casos de Oceanografía y Pemex.

---

44 Meyer, Lorenzo, *Nuestra tragedia persistente*, México, Debate, 2013, p. 14.

45 No se omite señalar que, durante el sexenio de Vicente Fox, surgieron los primeros esfuerzos institucionales palpables por garantizar el derecho ciudadano de acceder a la información pública y la transparencia como principio del quehacer gubernamental. Para ello, se inició la construcción de un entramado institucional a nivel nacional y local, con la creación de organismos para garantizar estos preceptos. Aunque el objetivo de esto se centra en la transparencia y acceso a la información, lo cierto es que contribuye indirectamente al control de la corrupción. Para mayor detalle en este tema, véase: Peña, Víctor, *Meta-análisis de la transparencia. Organizaciones, arreglos institucionales y políticas públicas diseñadas desde la desconfianza*, México, Tirant lo Blanch, 2021.

Manuel y Jorge Alberto Bribiesca Sahagún, fueron señalados de tráfico de influencias, pues se afirmaba que mantenían una fuerte cercanía con la empresa Oceanografía y con la paraestatal Pemex, relación que aprovecharon para asignar de manera irregular innumerables contratos a favor de la primera y en detrimento de la segunda.

Según información de Mexicanos contra la Corrupción y la Impunidad (MCCI), en esos años, casi el cien por ciento de las ganancias de Oceanografía fueron obtenidas de contratos con Pemex.

En 2014, la Auditoría Superior de la Federación (ASF) y la Secretaría de la Función Pública dieron seguimiento a una investigación que se venía gestando desde 2005, por parte de la Cámara de Diputados, pues se sospechaba de posibles actos de corrupción en la paraestatal Pemex, donde fungía como director Raúl Muñoz Leos. Las irregularidades detectadas se centraban en asignaciones de contratos a la empresa Oceanografía para mantenimiento de las plataformas de Pemex. Después de varias pesquisas, Oceanografía fue sancionada e inhabilitada por 21 meses.

El sucesor de Vicente Fox fue otro panista, Felipe Calderón (2006-2012), quien tampoco logró resultados con relación al fenómeno de la corrupción, pues los casos de Odebrecht[46], la llamada Estela de Luz, la Estafa Maestra y no se diga el caso de García Luna, entre otros, se encargaron de manchar dicho sexenio.

---

46 Olmos, Raúl, "Brotan más sobornos de Odebrecht por 9 MDD que involucran a otros 7 funcionarios", *Mexicanos contra la Corrupción y la Impunidad,* 27 de octubre de 2021, disponible en: https://contralacorrupcion.mx/sobornos-odebrecht-por-9-mdd-involucran-7-funcionarios

Para mediados de su sexenio, Mauricio Merino, preocupado por la situación del país, refería:

> Si las instituciones no funcionan y los políticos se corrompen y se esconden; si las reglas creadas para corregir los comportamientos dolosos son inoperantes; si todo acaba dependiendo, acaso, del compromiso ético individual de cada funcionario público; si denunciar delitos o faltas administrativas produce costos y riesgos cada vez más altos, y los ciudadanos están cada vez más indefensos; si los líderes se cubren a sí mismos y la gente se refugia en su vida íntima, ¿cómo vamos a consolidar la democracia? El listado de los despropósitos que se van sumando cada día es tan largo, que resulta imposible ignorar la profunda degradación en la que estamos[47].

En el año de 2009, la empresa petrolera Odebrecht obtuvo de manera irregular contratos por más de dos millones de dólares para el tratamiento de suelos, sustitución de materiales en la planta petroquímica y temas relacionados con la recuperación de azufre.

En el año de 2012, la Auditoría Superior de la Federación (ASF), detectó y documentó irregularidades en varios contratos, pagos de trabajos que nunca se hicieron y otros que sí se realizaron, pero que fueron pagados de manera ilegal, dos veces. También el órgano auditor cuestionó un pago hecho por parte de Pemex a la empresa Odebrecht por cerca de 180 mil dólares para (supuestamente) mejorar el desfogue de una planta tratadora, en la cual no hubo ninguna mejoría.

Otro de los casos de corrupción en este sexenio fue el relacionado con la llamada "Estafa maestra", donde en los años de 2010 y 2011, con la complicidad de un grupo de funcionarios

---

[47] Merino, Mauricio, *El futuro que no tuvimos*, México, Editorial Planeta, 2012, p. 226.

públicos, se desviaron cerca de 31,000 millones de pesos[48]. El esquema consistía en entregar recursos a universidades públicas, con el argumento de que realizaran trabajos para mejorar su infraestructura y servicio, dinero que al final terminaba en empresas fantasma. Fue en el sexenio de Enrique Peña Nieto cuando, en la revisión de la cuenta pública de los años 2013 y 2014, se detectó el mecanismo utilizado para desviar los recursos públicos y donde habían participado en el ilícito más de diez dependencias gubernamentales.

Derivado de las investigaciones fue detenida la entonces Secretaria de Desarrollo Social, Rosario Robles, acusada del delito de Ejercicio indebido de la función pública. Actualmente exonerada y libre.

A pesar de que la investigación señalaba a más de veinte funcionarios públicos del gobierno de Enrique Peña Nieto, prácticamente no ha sido detenido más que uno.

Otro caso paradigmático fue la llamada "Estela de luz", consistente en la construcción de un monumento para celebrar el bicentenario de la Independencia y los cien años de la Revolución Mexicana, inaugurado en el año de 2012. En la edificación de dicha obra se elevaron los precios de los materiales de construcción a tres veces más de su precio original. La Auditoría Superior de la Federación presentó la denuncia ante la entonces Procuraduría General de la República, y por el caso se emitieron más de 100 observaciones, cerca de 36 recomendaciones, 86 escritos de responsabilidad administrativa y un largo etcétera; estas acciones también derivaron en 11 órdenes de aprehensión giradas por la Procuraduría General.

---

48 Badillo, Diego, "Principales escándalos de corrupción documentados por la ASF", *El economista,* 28 de febrero de 2021, disponible en: https://www.eleconomista.com.mx/politica/Principales-escandalos-de-corrupcion-documentados-por-la-ASF-20210228-0002.html

Por otro lado, la Secretaría de la Función Pública inhabilitó para ejercer cargos públicos por 12 años al director Agustín Castro Benítez.

Un caso más de corrupción y de señalamientos fue el relacionado con la construcción de ocho centros penitenciarios bajo el esquema de contratos de prestación de servicios de largo plazo, que estarían ubicados en distintas entidades federativas. Para el caso, la Secretaría de Hacienda y Crédito Público aprobó más de 200 mil millones de pesos para contratar la construcción, por parte de la iniciativa privada, de ocho centros penitenciarios federales, avalados por la extinta Secretaría de Seguridad Pública, cuyo titular era Genaro García Luna (ahora preso y sentenciado en Estados Unidos). La Auditoría Superior de la Federación señaló que no existía fundamento legal para permitir a la iniciativa privada participar en este tipo de funciones correspondientes al Estado mexicano.

La sociedad, cansada y desilusionada, castigó al Partido Acción Nacional y le volvió a dar el poder al Partido Revolucionario Institucional, a través de su candidato Enrique Peña Nieto (2012-2018). Peña Nieto llegó a la silla presidencial producto de la mercadotecnia y la inversión más grande en dinero público y privado para promover su imagen. Por lo que toca a la corrupción:

> constituyó el nuevo estilo de 'pase de charola' que no involucraba a magnates beneficiados por las privatizaciones (como sucedió en 1993 con Salinas de Gortari), ni banqueros ni empresarios vinculados al Fobaproa (como en el caso de Amigos de Fox en 2000), ni a empresas y redes privadas para pagar la "guerra sucia" de spots (como en el caso de Felipe Calderón en 2006). Ahora se trató de la auténtica república peñista. La mayoría de los presentes fueron los responsables de una práctica que llegó para quedarse: la triangulación de fondos públicos a través de una red de empresas "fantasmas" o de prestanombres

> que luego se convertían en una compleja red de financiamiento para la compra de voto, el pago de operadores y el robo[49].

Cabe puntualizar que durante su sexenio hubo varios gobernadores priístas, e inclusive de otros partidos políticos, que fueron procesados, encarcelados y alguno que otro sentenciado por delitos relacionados con hechos de corrupción. En muchos casos más por iniciativa de Estados Unidos que por el propio Estado mexicano.

El caso de Ayotzinapa fue un hecho que manchó de sangre el sexenio de Peña Nieto, hecho que se le atribuyó ser su responsabilidad por parte de la opinión pública[50].

En el sexenio de Enrique Peña Nieto[51] se dieron un gran número de escándalos de corrupción: poco más de 17 gobernadores acusados de distintos delitos, el escándalo de la Casa Blanca (propiedad adquirida de manera dudosa, por su entonces esposa), y el caso de la empresa brasileña Odebrecht, que en sexenio de los expresidentes Felipe Calderón Hinojosa y el de propio Enrique Peña Nieto, obtuvo contratos millonarios a cambio de sobornos a funcionarios públicos, donde destaca el caso de Emilio Lozoya. Este último se encargó de repartir dinero a distintos funcionarios públicos de diversos partidos, mientras que la empresa Odebrecht recibía a cambio contratos bajo adjudicaciones directas y pagos a sobre precio, aumentando así sus ganancias.

---

49 Villamil, Jenaro, *Cleptocracia…* Op. cit., p. 123.

50 Núñez, Juan, "Principales sucesos nacionales del segundo semestre del 2016", *Análisis plural, voto de castigo a la corrupción e impunidad en México,* México, ITESO, 2016, p. 19.

51 Monsiváis-Carrillo, Alejandro, "Corrupción y legitimidad democrática en México" en *Revista de Sociología,* México, núm. 3, (julio-septiembre de 2020), UNAM e Instituto de Investigaciones Sociológicas.

Desde 2011, la Auditoría Superior de la Federación documentó actos ilegales que había cometido la empresa Odebrecht en perjuicio de Pemex, investigaciones que no tuvieron trascendencia si no hasta que en Estados Unidos, -como ya se ha hecho costumbre- empezaron a realizar indagatorias, quedando al descubierto funcionarios públicos mexicanos que habían recibido sobornos por cerca de 11 millones de dólares, tal y como lo declararon en 2017 los directivos de la empresa brasileña ante la Corte de Nueva York.

Durante el mandato de Peña Nieto, la empresa petrolera Odebrecht fue acreedora a contratos de Pemex por cerca de 4,670 millones de pesos, para llevar trabajos en las refinerías de Tula, Hidalgo y Salamanca, Guanajuato. Dicha empresa, además, obtuvo otros contratos para obras públicas que le representaron ganancias por más de 1,400 millones de dólares.

Otro caso de corrupción en el sexenio del priísta Enrique Peña fue la llamada "Casa Blanca", propiedad de su entonces esposa. En noviembre del 2014, salió a la luz que esta casa fue construida por Grupo Higa y que, de manera no clara, fue vendida o regalada a la ex esposa de Peña Nieto; se sospechaba que se trató de un regalo al presidente a través de su esposa, por haber asignado a dicha empresa la construcción de tren México-Querétaro y una enorme cantidad de contratos para obras en el Estado de México, entidad federativa que había gobernado Enrique Peña.

El asunto no pasó a mayores, pues la Auditoría Superior de la Federación nunca entró a conocer del caso, argumentando que se trataba de un contrato elaborado entre particulares que escapaba a la competencia de dicho organismo. Posteriormente, la Secretaría de la Función Pública, a cargo de Virgilio Andrade, resolvió que no existía ningún conflicto de intereses y ninguna anomalía en la adquisición de dicha casa y dio por cerrado el caso.

El sexenio de Enrique Peña Nieto también destacó por los asuntos de corrupción de algunos gobernadores priístas. Uno de ellos es el caso de Javier Duarte, quien gobernó Veracruz de 2010 a 2016. Durante su sexenio, Duarte, junto con varios diputados, conformó una red de corrupción que consistió en la creación de empresas fantasmas que llevaban a cabo obras para el gobierno a cambio de bienes públicos, obras que nunca se realizaban y los recursos financieros terminaban en las cuentas bancarias personales de los funcionarios involucrados.

Mexicanos Contra la Corrupción y la Impunidad[52] señalan que fueron creadas cerca de 400 empresas para el desvío de recursos públicos provenientes tanto del gobierno federal como del estatal, recursos estatales referentes a educación básica y normal, y de infraestructura social. Se señala en el estudio que fueron alrededor de 74,226 millones de pesos los que se desviaron, y que fueron a parar a las arcas personales de los funcionarios participantes. En abril del 2017, Duarte fue detenido y actualmente se encuentra preso. Su esposa, Karime Macías, radicada en Londres, enfrenta un proceso de extradición acusada de complicidad en los ilícitos de su esposo.

Por último, a la llegada Andrés Manuel López Obrador y del populismo, nos deja claro el hartazgo social derivado de la corrupción avasallante. Al respecto, Jesús Silva Herzog advierte que "no entenderemos el éxito de la convocatoria populista si no hacemos un balance severo y equilibrado del régimen de la

---

52 Durán, Valeria et al., "Fábrica de empresas fantasma desvió más de 3 mil 617 mdp de Veracruz", *Mexicanos contra la Corrupción y la Impunidad,* disponible en https://contralacorrupcion.mx/red-karime-duarte/fabrica-de-empresas-fantasma-desvio-mas-de-3-mmdp-de-veracruz.html

transición que término siendo, en buena medida, pluralismo oligárquico, corrupción descentralizada y barbarie"[53].

La fiesta de la corrupción sigue, a pesar de que el tabasqueño prometió combatirla. Precisamente con dicha promesa fallida enamoró a un sector de la población para ganar la elección de manera categórica.

Lastimosamente, el presidente López no se ha escapado de escándalos de sus hijos, hermanos y familiares involucrados en delitos relacionados con hechos de corrupción[54]. También sus secretarios de Estado, como Delfina Gómez Álvarez (Educación), hoy gobernadora del Estado de México; el caso de SEGALMEX y el posible desfalco de nueve mil quinientos millones de pesos, reconocido por el propio presidente, etc.

Continúa la lista con la cancelación del aeropuerto de Texcoco, bajo el argumento de que hubo corrupción, sin que haya sentencias a los supuestos "responsables", y con evidencia de que amigos de los hijos del presidente se habrían beneficiado de esta cancelación; la falta de transparencia en el manejo de recursos públicos y el abuso de las adjudicaciones directas, entre otros muchos escándalos.

Nos llama la atención la indiferencia del presidente López Obrador con relación a la política pública mediante la cual se estableció el Sistema Nacional Anticorrupción (impulsado durante el gobierno de Peña Nieto), cuya finalidad es la de combatir la corrupción, pues nunca se le dio seguimiento y, actualmente, podemos afirmar con cierta certeza que este organismo está moribundo y que es cuestión de tiempo para su desaparición total.

---

53 Silva-Herzog, Jesús, *La casa de la contradicción*, México, Taurus, 2021, p. 13.

54 Bartra, Roger, *Regreso a la jaula*, México, Debate, 2021, p. 127.

Esta misma ruta de indiferencia por parte del presidente con relación al Instituto Nacional de Acceso a la Información Pública y Protección de Datos Personales (INAI), y la intervención del secretario de gobernación, Adán Augusto López, con los senadores para obstaculizar el nombramiento de consejeros, tal y como quedó evidenciado en los medios de comunicación, no abonan a considerar que se está avanzando en el tema de la trasparencia, un pilar para combatir la corrupción.

Lo anterior, nos muestra un sexenio en la que la corrupción en el ámbito político es a todas luces palpable y que las cosas no han cambiado, aunque se diga lo contrario en el discurso oficialista. Esperemos, por el bien de nuestro país, que con la entrada de la actual Presidenta de la República, las cosas cambien.

Capítulo segundo

El fuero como privilegio para servidores públicos e impedimento ante la ley penal

I. EL FUERO EN EL SURGIMIENTO DEL CONSTITUCIONALISMO MEXICANO

La historia de la humanidad nos enseña que durante milenios ha existido una marcada desigualdad social por cuestiones de origen, familia, raza, religión, economía, etc., al grado de considerarse a seres humanos como cosas (esclavismo). Podemos afirmar que prácticamente hasta antes del surgimiento del constitucionalismo no estaba regulada o reconocida en la ley la igualdad de todos.

Situándonos en siglos recientes, durante la conquista española en el continente americano los indios que habitaban los territorios americanos fueron asesinados y los que tenían 'suerte', esclavizados; los misioneros de aquella época pugnaron para que fueran consideradas personas. También el lugar de nacimiento podía influir: solo basta recordar a los españoles nacidos en la Nueva España, conocidos como criollos, quienes no tenían los mismos derechos para ocupar cargos políticos que los españoles nacidos en España; no se diga los mestizos o los indios, eso era impensable en aquella época.

Para finales del siglo XVIII y principios del siglo XIX, el rompimiento de los gobiernos monárquicos en Europa y el surgimiento de gobiernos bajo el esquema constitucionalista evidenció que la lucha por el reconocimiento de derechos de los individuos frente al Estado finalmente tuvo éxito. De los muchos derechos (denominados 'del hombre' en aquella época) destaca, sin lugar a duda, el reconocimiento de que todos somos iguales ante la ley, el cual quedó plasmado en todas las constituciones como un derecho fundamental intrínseco del ser humano.

Sin temor a equivocarnos, podemos afirmar que la Revolución Francesa, acontecida a finales del siglo XVIII, tuvo una gran influencia y sirvió de modelo a otros países en los procesos de transición y transformación de monarquías a Estados con regímenes de tipo constitucionalista.

En el artículo sexto de la histórica Declaración de los Derechos del Hombre y del Ciudadano se estableció que la ley debe ser la misma para todos, así como cuando protege, así como cuando castiga.

En términos generales, a partir del surgimiento del constitucionalismo el derecho a la igualdad fue reconocido, aunque se contemplaron algunas excepciones en el sentido de que determinados funcionarios gozaran de ciertos privilegios, con la finalidad de evitar su persecución criminal por temas políticos. Por ejemplo, en la Constitución de Cádiz, el artículo 168 contemplaba que la persona del rey era sagrada e inviolable y no estaba sujeta a responsabilidad (en aquella época se estableció que el rey se designaría como titular del Ejecutivo); esto es, gozaba de inmunidad y estaba exento de castigo por los delitos que, en su caso, llegara a cometer en su encargo.

El artículo 128 de la constitución gaditana señalaba que los diputados de las Cortes, en las causas criminales que se instruyeran en su contra, no podrían ser juzgados sino por el Tribunal de Cortes, en el modo y forma que se prescribiera en el reglamento interior de las mismas.

El decreto de 24 de marzo de 1813 contempló las reglas para hacer efectiva la responsabilidad de los empleados públicos. En el apartado de los magistrados y jueces, artículo XXII, señalaba:

> Los magistrados del Tribunal Supremo de Justicia en todos los delitos relativos al desempeño de su oficio no serán acusados sino ante Cortes. En el apartado de los demás empleados públicos, artículo VII, establecía que también los regentes del Reino, cuando debieren ser juzgados por delitos cometidos en uso de su oficio, sería ante las Cortes. El artículo IX también contempló a los Consejeros de Estado, los embajadores y ministros en las cortes extranjeras, entre otros[55].

En este sentido, gozaban de fuero, lo que implicaba que no estaban sujetos a jurisdicción ordinaria o eran juzgados de forma especial.

Para Fernando Castellanos:

> En estricto rigor, no son lo mismo la inmunidad y el fuero; aquella deja a la persona exenta de castigo por los delitos y faltas que realice; mientras el fuero, privilegio también, solo tiene la virtud de preservar al sujeto de ser enjuiciado por los tribunales ordinarios, o de que éstos únicamente puedan juzgarlo si se llenan ciertos requisitos[56].

En este mismo sendero, la Constitución de 1824, en pleno nacimiento de la nación mexicana, también contempló algunas disposiciones similares. Por ejemplo, el artículo 38 refería que el presidente, durante el tiempo de su encargo, no podría ser acusado sino ante cualquiera de las cámaras y solo por los delitos de traición contra la independencia nacional, o la

---

55 *Derechos del pueblo mexicano. México a través de sus constituciones,* 6ª. ed., México, Cámara de Diputados – Miguel Ángel Porrúa, 2003, t. X, pp. 734 y 739.

56 Castellanos, Fernando, Lineamientos elementales de derecho penal, 38ª. ed., México, Porrúa, 1997, p. 112.

forma establecida de gobierno, y por cohecho o soborno, cometidos durante el tiempo de su empleo. Llama la atención cómo delitos relacionados con hechos de corrupción estaban considerados como graves, tan es así que podía fincársele responsabilidad penal, aunque primero debía agotarse un procedimiento especial. En la ley fundamental se previó que cualquiera de las dos cámaras, ya fuera la de diputados o senadores, podrían conocer en calidad de jurados de las acusaciones aludidas al presidente[57].

Por lo que respecta a los Diputados y Senadores, desde el día de su elección hasta dos meses después de haber cumplido su encargo, sólo podían ser acusados ante sus respectivas cámaras, constituyéndose cada cámara en gran jurado, para declarar si había lugar o no a la formación de la causa (artículo 43 de la Constitución de 1824).

Así pues, desde el arranque del constitucionalismo mexicano se contemplaron algunas excepciones para quienes ocupaban determinados cargos públicos, con el propósito de hacer factible el desempeño de sus funciones, sin riesgo de ser procesados penalmente como resultado de acusaciones infundadas y como estrategia de ataque político. La idea era que el trabajo de ciertos funcionarios no debería ser interrumpido.

---

57 "Artículo 108. Dentro de un año, contado desde el día en que el presidente dejaba su cargo, no podía ser acusado sino ante alguna de las cámaras por los delitos referidos en artículo 38, y transcurrido este año, no podía ser acusado por dichos delitos".
109. El vicepresidente, podía ser acusado solamente ante la cámara de diputados por cualquier delito cometido durante el tiempo de su empleo". Véase: *Decreto de 4 de octubre de 1824 – Constitución federal de los Estados Unidos Mexicanos,* Cámara de Diputados, disponible en: https://www.diputados.gob.mx/biblioteca/bibdig/const_mex/const_1824.pdf

II. EL PROCEDIMIENTO DE DESAFUERO EN EL CONGRESO CONSTITUYENTE (1856-1857) COMO REQUISITO DE PROCEDIBILIDAD EN LAS CAUSAS CRIMINALES

En el dictamen y proyecto de Constitución de 16 de junio de 1856 se plasmaba que la responsabilidad de altos funcionarios públicos, e inclusive inferiores, no había sido eficaz hasta ese momento. Se dijo que la causa de lo anterior era por la influencia de ellos: por las fórmulas dilatadas y embarazosas y por lo complicado de llevar a cabo la suspensión o destitución del funcionario acusado[58].

Para finales de diciembre de ese mismo año (1856), cuando se debatía en el Congreso Constituyente el tema del fuero constitucional, se puso a discusión el proyecto del diputado Castañeda, el cual no dio motivo a debate alguno, y en las sesiones se vio ausentismo de los diputados y, con ello, resultó evidente el poco interés por el tema.

Fue el propio diputado Castañeda quien hizo ajustes al proyecto que había presentado, mismo que finalmente fue aprobado también sin discusión alguna.

Así, en la sesión del 29 de diciembre de 1856 se aprobaron los artículos relacionados con el fuero constitucional, contemplándose un procedimiento muy complicado para poder separar de su encargo a los funcionarios públicos: intervendría el Congreso general en clase de jurado, y la Suprema Corte solo en delitos oficiales como jurado de sentencia (art. 106)[59].

---

58 *Derechos del pueblo mexicano. México a través de sus constituciones*, 6ª. ed., México, Cámara de Diputados – Miguel Ángel Porrúa, 2003, t. X, p. 38.

59 Zarco, Francisco, *Historia del Congreso Constituyente de 1857,* México, Tribunal Superior de Justicia del Distrito Federal, 1991, pp. 815-818.

El Congreso debía de declarar por mayoría absoluta de votos si el acusado era o no culpable, y que en caso del primer supuesto el reo quedaría inmediatamente separado de sus funciones y sería puesto, como se dijo, a disposición de la Suprema Corte de Justicia, la cual, reunida en un tribunal pleno como jurado de sentencia, con audiencia del reo, del fiscal y del acusador, si lo hubiere, procedería a aplicar por la mayoría absoluta de votos la pena que la ley designare (art. 108)[60].

Con la reforma constitucional de 1874 se contempló que los legisladores (Senadores y Diputados), los integrantes de la Suprema Corte y los secretarios de Estado eran responsables por los delitos que cometieren durante el tiempo de su encargo, y los gobernadores lo eran por infracciones a la Constitución y leyes federales, es decir, no por delitos relacionados con hechos de corrupción, privilegio del que también gozaba el Presidente de la República, quien sólo podría ser acusado por delitos de traición a la patria, violación expresa a la Constitución, ataque a la libertad electoral y delitos graves del orden común.

Con relación a los altos funcionarios, no gozarían de fuero constitucional por los delitos oficiales en los que incurrieran en el desempeño de sus funciones, ni por los delitos comunes que cometieran durante el desempeño de dicho empleo. Al respecto, es importante destacar dos cosas: primero, atendiendo a la redacción del precepto constitucional, sólo en los delitos oficiales se hacía referencia a conductas delictivas que llevarán a cabo con motivo de sus funciones, en las que, desde luego, estaban los delitos relacionados con hechos de corrupción, mismos que no eran considerado explícitamente como delito oficial; segundo, en los delitos comunes, para que pudiera iniciarse la causa debía de cumplirse con requisitos (de procedibilidad): la Cámara de representantes debía de erigirse

---

60 Esta disposición fue aprobada por 78 votos contra 1.

como gran jurado y declarar, por mayoría de votos, si había lugar o no a proceder contra el acusado.

Por consiguiente, había doble impedimento para poder proceder penalmente con estos funcionarios: primero, no estaba claro cuáles eran los delitos comunes graves, y difícilmente los delitos relacionados con hechos de corrupción podían calificarse como graves si tomamos en consideración la penalidad baja que se contemplaba para los mismos en el Código Penal de 1871; segundo, había que agotarse un procedimiento político muy complejo para poder proceder penalmente en contra de los funcionarios referidos en el texto constitucional.

III. EL FUERO EN LA CONSTITUCIÓN DE 1917 Y DURANTE EL PRESIDENCIALISMO MEXICANO

El texto original de la Constitución de 1917 prácticamente no cambió con relación al texto constitucional de 1857, sólo en la lista de privilegiados que gozarían de fuero se agregó al Procurador General de la República, y hubo una disminución de supuestos[61] en los que el Presidente de la República podía ser acusado (violación expresa a la Constitución y ataque a la libertad electoral).

Además, se incluyó a los diputados locales para que, al igual que los gobernadores, solo pudieran ser responsables por violaciones a la constitución y a las leyes federales.

Cabe destacar que el Código Penal de 1931, en su artículo 219, contemplaba para el delito de peculado una pena de seis meses a doce años de prisión y, por su parte, el artículo 20, fracción I, de la Constitución Política de los Estados Unidos

---

[61] Barragán, José, *El Presidente mexicano y el sistema de responsabilidades al que está sujeto,* México, Universidad de Guadalajara, 2001, p. 107.

Mexicanos establecía que los acusados en los juicios del orden criminal tenían derecho a solicitar al juez la libertad provisional bajo fianza, tomando en cuenta sus circunstancias personales y la gravedad del delito que se le imputara, siempre que dicho delito mereciere con pena cuyo término medio aritmético no fuera mayor de cinco años de prisión (que se obtenía de la suma de la pena menor con la mayor entre dos).

En el peor de los casos, para todos los funcionarios públicos había una tabla de salvación, pues el artículo 221 del Código Penal Federal en comento establecía que "la sanción será de uno a seis años de prisión, si dentro de los seis días siguientes a aquel en que se descubrió el delito, devolviere al reo lo sustraído".

Aunado a lo anterior, no había un catálogo de delitos comunes "graves" en la legislación penal respectiva, de ahí que, ante la ambigüedad e imprecisión, no quedaba otra más que entrar al mundo de la interpretación argumentativa, siempre compleja.

En las décadas posteriores y durante la etapa del presidencialismo mexicano, no hubo reformas significativas en materia de corrupción, salvo la de 1982[62]. Con la entrada de Miguel de la Madrid y su programa de 'renovación moral' y combate a la corrupción, se llevaron a cabo modificaciones importantes en el texto constitucional[63]. Por ejemplo,

---

62 Las reformas llevadas a cabo en 1928 y 1944 al artículo111 se refieren a los delitos oficiales. La reforma de 1976 estableció que el Congreso debía expedir una ley de responsabilidades de todos los funcionarios y empleados de la federación y del Distrito Federal.

63 "El texto constitucional anterior a la reforma de 1982, al reglamentar la responsabilidad penal de los funcionarios públicos, hacía la distinción entre delitos oficiales y delitos comunes (*lato sensu*). Para los altos funcionarios acusados por la comisión de delitos oficiales, procedía el *juicio político*, esto es, la Cámara de Senadores, erigida en Gran Jurado, conocía del caso, previa acusación de la Cámara de Diputados que asumía el papel de Fiscal. Tratándose de delitos no

se precisó que debía entenderse ya no por funcionario público sino servidor público, ya no hubo distinción entre delitos oficiales y comunes, el juicio político se reservó para la responsabilidad política y quedaban sujetos al mismo otros servidores públicos, además de los funcionarios enumerados en el texto anterior a la reforma constitucional.

Asimismo, quedó regulado lo relativo a las responsabilidades política, administrativa y penal de los servidores públicos, tal y como se desprende del contenido de los artículos integrados al Título Cuarto "De las responsabilidades de los servidores públicos", de la Constitución General.

Por lo que toca a la responsabilidad penal para los servidores públicos aludidos en título referido, quedó vigente el requisito de declaración de procedencia (desafuero). El artículo 111 constitucional enumeraba a ciertos servidores públicos a los cuales no era factible perseguirlos ni sancionarlos, sin que previamente se desahogara el procedimiento especial previsto en el texto constitucional[64].

---

oficiales (comunes, *lato sensu*), se requería que la Cámara de Diputados, por mayoría absoluta del número total de sus miembros, privara del fuero al alto funcionario quien, por ese solo hecho quedaba separado de su encargo y sujeto, desde luego, a los tribunales ordinarios competentes". Castellanos, Fernando, *Lineamientos elementales de derecho penal*, 38ª. ed., México, Porrúa, 1997, p.113.

64 "Con fines exclusivamente didácticos pueden señalarse tres categorías de funcionarios, cada una de ellas con perfiles diferentes: Primera categoría: La integran los Diputados y Senadores del Congreso de la Unión, los Ministros de la Suprema Corte de Justicia de la Nación, los Consejeros de la Judicatura Federal, los Secretarios de Despacho, los Jefes de Departamento Administrativo, los Representantes a la Asamblea del Distrito Federal, el titular del órgano de gobierno del Distrito Federal, el Procurador General de la República y el Procurador General de Justicia del Distrito Federal, quienes son responsables penalmente por los delitos que cometan durante el tiempo de su encargo. Para exigirles responsabilidad penal a los

Las reformas constitucionales subsecuentes básicamente fueron para incluir a la lista de privilegiados a otros servidores públicos: Procurador General de Justicia del Distrito Federal (1987); Consejeros de la Judicatura Federal (1994); Magistrados de la Sala Superior del Tribunal Electoral y Consejeros Electorales del Instituto Federal Electoral (1996); Fiscal General de la República (2014) y titulares de organismos autónomos estatales (2014).

Cabe puntualizar que hubo otras reformas para eliminar de la lista servidores públicos de este privilegio (Jefe de departamento administrativo [2007]); precisar que determinados servidores públicos estatales y municipales serían responsables por el manejo indebido de fondos y recursos federales (2014).

Para 2021, se reforma la Constitución Política de los Estados Unidos Mexicanos y se establece, en el artículo 108, segundo

---

funcionarios mencionados, es menester que la Cámara de Diputados, por mayoría absoluta de sus miembros presentes en sesión, declare si hay o no lugar a proceder en contra del inculpado; si la declaración es afirmativa, el funcionario será separado de su encargo y quedará a disposición de las autoridades competentes para los efectos del proceso penal relativo, que si culmina en sentencia absolutoria, permitirá al inculpado reasumir su función.
Segunda Categoría. La constituyen los Gobernadores de los Estados, Diputados locales y Magistrados de los Tribunales Superiores de Justicia de los Estados, y en su caso, los miembros de los Consejos de las Judicaturas Locales, quienes son penalmente responsables por delitos federales.
Tercera Categoría. En esta tercera categoría únicamente incluimos al Presidente de la República, quien durante el tiempo de su encargo sólo puede ser acusado por traición a la patria y delitos graves del orden común, pues así lo establece la Constitución en el segundo párrafo del artículo 108, hasta antes de la reciente reforma.
El Presidente de la República, por la comisión de delitos distintos a los señalados, en ningún caso, durante su encargo, puede ser perseguido". Ibidem, p.115 y ss.

párrafo, que el Presidente de la República puede ser imputado y juzgado, durante su encargo, por delitos como traición a la patria, hechos de corrupción, delitos electorales y toda aquella falta de la que pudiera ser enjuiciado cualquier ciudadano.

IV. OTROS SERVIDORES PÚBLICOS A LOS QUE SE EXIGÍA UN PROCEDIMIENTO ESPECIAL PARA SU PROCESAMIENTO PENAL

No solo los presidentes, gobernadores y demás funcionarios públicos de alto nivel referidos en el texto constitucional gozaron del privilegio del fuero, sino que hubo otros que, de alguna manera, gozaron de ciertas "ventajas" para que no se pudiera proceder en contra de ellas penalmente si no se cumplían ciertos supuestos y requisitos contemplados en leyes secundarias, nos referimos a Ministerios Públicos y Jueces. Dichos servidores públicos, si bien no gozaban de fuero, sí había ciertas consideraciones para su detención en caso de que fueran investigados por la comisión de algún delito.

Con relación al Ministerio Público, según la ley orgánica federal (concretamente el artículo 31), con vigencia en la última década del siglo pasado, contemplaba que cuando los agentes del Ministerio Público fueran acusados por un delito, no podían ser detenidos por ninguna autoridad, sino hasta que el Juez competente de la causa pidiera al Procurador que los pusiera a su disposición y que este último lo resolviere así.

El Ministerio Público no es sujeto a responsabilidad

> Por ejemplo, en un supuesto de detención arbitraria y aplicación de malos tratos y de tortura: se solicita el amparo, se obtiene y por ello mismo, lo dejan a uno en libertad. Aquí se consiguió un efecto saludable, como es el haber recuperado la libertad. Ahora bien, ¿qué sucede con los delitos de la detención

> arbitraria y de la tortura? Sucede que, al no perseguirse, quedan sin castigo. ¿Esto es correcto? Naturalmente que no[65].

Resulta por demás interesante la exigencia de voluntad institucional, representada por el titular del órgano persecutor, para poder continuar con el procedimiento penal que se hubiere instruido en contra al Agente de Ministerio Público por la comisión de delito, desde luego, en los que estaban incluidos aquellos relacionados con hechos de corrupción.

Por lo que respecta a magistrados y jueces federales, según la Ley Orgánica del Poder Judicial de la Federación tampoco podían ser detenidos en caso de que se les instruyera un procedimiento penal si no se cumplía con requisitos previos que consistían, precisamente, en la suspensión decretada por parte del Consejo de la Judicatura Federal. Inclusive, estaba previsto que llegara a ordenarse o efectuarse una aprehensión en desacato a lo previsto en dicho ordenamiento jurídico, se procedería en términos de la fracción XIX del artículo 225 del Código Penal[66].

De alguna manera los Ministerios Públicos, Jueces y Magistrados, gozaban de un aura de protección institucional de cara a procedimientos penales que se les instruyera en su contra, lo cual denota cómo dicho mecanismo institucional operaba a favor precisamente de servidores públicos, muchas veces inmersos en un ambiente de corrupción que se daba en el ámbito de la procuración y administración de justicia[67].

---

65 Barragán Barragán, José, *El presidente mexicano,* Op. Cit. p. 87.

66 Ibidem, p. 120.

67 Vale la pena hacer referencia, por lo menos, de la inmunidad de la que gozan algunos diplomáticos extranjeros, que si bien son inmunes a nuestro derecho penal no lo son con relación a su país de origen. La violación a dicha inmunidad diplomática está tipificada como un delito.

V. HACIA LA "ELIMINACIÓN" DEL FUERO AL TITULAR DEL PODER EJECUTIVO (FEDERAL Y ESTATAL) EN LOS DELITOS RELACIONADOS CON HECHOS DE CORRUPCIÓN

En años recientes, el tema de eliminar el fuero a los servidores públicos ha sido ampliamente debatido en diferentes ámbitos mediáticos, académicos y políticos. La corrupción política que ha padecido históricamente el país no cedió del todo con la llegada de la democracia y la caída del régimen presidencialista. Hay algunos avances visibles con el encarcelamiento de algunos gobernantes y servidores públicos federales, estatales y municipales.

La hegemonía de un régimen político de un solo partido dio paso a la hegemonía de un régimen en el cual los acuerdos, 'consensos' y coaliciones entre los diferentes partidos cambiaron la forma de gobernar, pero no el fondo con relación al fenómeno de la corrupción.

La cancelación del fuero en los estados a gobernadores, alcaldes, regidores y diputados empezó a presentarse (sobre todo en los últimos años). Por ejemplo, Campeche en el año 2016, Yucatán y Quintana Roo en 2017. Otros congresos locales ya llevaron reformas constitucionales en este sentido fueron Guanajuato, Hidalgo, Nayarit y Querétaro, entre otros.

Cada vez son más frecuentes los escándalos de corrupción política, sobre todo cuando el sucesor del gobernante es de otro partido. En este escenario, una propuesta de campaña en el año 2018 por el entonces candidato a la presidencia, Andrés Manuel López Obrador, fue la eliminación del fuero, quien una vez electo para dicho cargo envió una iniciativa al Senado a fin de eliminar el fuero del que gozaba el Ejecutivo Federal, para que pudiera ser juzgado por hechos de corrupción y delitos electorales; por cierto, dichos delitos tienen contemplada prisión preventiva oficiosa.

Ya en el Senado, se agregó a los legisladores federales con 111 votos a favor y 1 en contra. La reforma amplía los supuestos por los cuales se puede imputar y juzgar al presidente y legisladores federales cuando incurran en el catálogo de delitos que figuren en el artículo 19 constitucional, entre los cuales se encuentran los delitos por hechos de corrupción.

En la Cámara de Diputados, se generaron privilegios a Diputados y Senadores, pues sólo se les desaforará por los delitos que contempla el artículo 19 constitucional ya mencionado. Además, se planteó la posibilidad de incluir a los gobernadores de los estados, se decía que para acabar con la corrupción y la impunidad.

El factor político juega un papel fundamental, pues se requiere acusar al presidente, precisamente, ante el Senado, para poderlo someter a juicio penal por los delitos contemplados en la Carta Magna. Desde una perspectiva estrictamente política, difícilmente prosperaría la acusación durante el sexenio de López Obrador, aunque jurídicamente la puerta estaría abierta.

La reforma más reciente en el tema del fuero para el titular del Ejecutivo Federal, fue la publicada en el Diario Oficial de la Federación el día 19 de febrero del 2022, en donde se modificaron los artículos 108 y 111, de la Constitución Política de los Estados Unidos Mexicanos. El decreto dice textualmente:

> Artículo Único. Se reforman el segundo párrafo del artículo 108 y el cuarto párrafo del artículo 111 de la Constitución Política de los Estados Unidos Mexicanos, para quedar como sigue:
>
> Artículo 108. ... Durante el tiempo de su encargo, el Presidente de la República podrá ser imputado y juzgado por traición a la patria, hechos de corrupción, delitos electorales y todos aquellos delitos por los que podría ser enjuiciado cualquier ciudadano o ciudadana.
>
> ...

> Artículo 111.
>
> ...
>
> Para proceder penalmente contra el Presidente de la República, sólo habrá lugar a acusarlo ante la Cámara de Senadores en los términos del artículo 110. En este supuesto, la Cámara de Senadores resolverá con base en la legislación penal aplicable.

Cabe señalar que no se trata de una eliminación al fuero constitucional, sino de una ampliación al catálogo de delitos por los cuales el jefe del Ejecutivo puede ser acusado, puesto que, en el caso de incurrir en alguna responsabilidad, deberá ser previamente desaforado, y en dicho juicio de desafuero la autoridad competente será solamente la Cámara de Senadores y no así la Cámara de Diputados.

En fin, se tendría que pasar por este procedimiento especial ante el Senado (con mayoría del partido del Presidente de la República, al momento de la reforma), y con un procurador 'nombrado' por el Senado, a propuesta del Presidente. Desde una perspectiva política, esta última situación crea un escenario, en términos de imparcialidad y objetividad, muy complicado.

Otro punto para destacar es la tendencia de reformas legales para contemplar la revocación de mandato al Ejecutivo, a fin de que pueda ser sustituido a solicitud de los ciudadanos. Ya el Congreso de Colima reformó varios artículos a la Constitución local para contemplar mecanismos de este tipo.

Andrés Manuel López Obrador envió una iniciativa para la revocación de mandato al Ejecutivo Federal que fue aprobada, y puesta en funcionamiento recientemente, en un ejercicio que se llevó a cabo con muy poca participación ciudadana.

Desde luego, la revocación de mandato remueve el obstáculo para que al titular del Ejecutivo pueda enjuiciársele por delitos relacionados con hechos de corrupción. Aunque la finalidad de establecimiento de revocación de mandato no es, precisamente, para combatir la corrupción, sí puede ser de utilidad. Habrá que esperar su funcionamiento y resultados para poder opinar si finalmente servirá para evitar la impunidad a delitos relacionados con hechos de corrupción, realizados por el presidente o gobernadores, pero, como decíamos, el primer ejercicio de revocación de mandato fue de muy poco interés ciudadano.

Capítulo tercero

Tipificación de los delitos relacionados a hechos de corrupción (evolución)

I. CODIFICACIÓN PENAL (SIGLO XIX)

Históricamente, como ya hemos visto en el caso mexicano, el fenómeno de la corrupción ha formado parte del escenario político como un elemento medular del sistema, inclusive ha sido un promotor constante e intenso hacia el interior y hacia el exterior del Estado Mexicano.

La voluntad política de combatir este fenómeno social (salvo muy contadas excepciones) ha sido nula, en términos fácticos. Si bien, en el mundo discursivo, hemos tenido algunas épocas en que se ha puesto en la mesa el tema de corrupción, hasta ahí ha llegado.

La falta de voluntad política, opacidad e indiferencia ante el fenómeno de la corrupción, en términos generales, ha sido la regla. Las inexistentes propuestas legislativas para sancionar este tipo de conductas a través de la construcción de tipos penales para inhibirlas son un indicador insalvable en términos estadísticos.

Como se ha mencionado en el capítulo anterior, el procedimiento tan complejo de desafuero, establecido desde el siglo XIX en las diversas constituciones del país, imposibilitaba -de facto- la aplicación de estas disposiciones constitucionales y, por consiguiente, la aplicación de la justicia penal.

Al revisar los diversos procesos legislativos relacionados con la tipificación de delitos de corrupción, podemos encontrar que, desde el primer Código Penal de 1871 (también llamado "Código Martínez de Castro") ha habido una preocupación de sancionar penalmente conductas delictivas relacionadas con hechos de corrupción[68].

En ese primer ordenamiento penal se puede apreciar una inclinación en la intención del legislador por combatir la corrupción que estaba ocurriendo hacia el interior de las instituciones de gobierno, destacando las policiacas y judiciales.

Durante la dictadura Porfiriana no estaba en la agenda principal del gobierno, (si es que lo estaba en algún otro lado) combatir la corrupción hacia el interior del sistema político mexicano. Por el contrario, fue un instrumento utilizado de forma complaciente y con impunidad total por el titular del Ejecutivo. De ahí el estancamiento de reformas legales en materia penal relacionadas con hechos de corrupción. En esta época, el fenómeno de la corrupción estuvo muy marcado en los tribunales[69], en las instituciones de gobierno y en la sociedad en general. Formó parte, se puede decir, de la vida cotidiana en México.

Durante el periodo de 1910 a 1929 el país vivió un caos político provocado por los intentos por democratizar el país y la caída del régimen autoritario de Porfirio Díaz. Fueron épocas intensas y difíciles para México, en las que lo más importante

---

68 Sin duda otro elemento a considerar en aquellos tiempos es la promulgación, dos años antes de la Ley de Jurados, del procedimiento penal que había sido ampliamente debatido en el Congreso de 1856-1857 (antes de la imposición del imperio de Maximiliano), con la intención precisamente de erradicar las malas prácticas, entre ellas la corrupción.

69 Tena Ramírez, Felipe, *Leyes Fundamentales de México 1808-2002*, 23ª ed., México, Porrúa, 2002, p. 751.

era la estabilidad política del país. Estábamos muy lejos todavía de un interés real por erradicar el fenómeno de la corrupción y de utilizar el instrumento penal para sancionarlo, salvo lo ya establecido durante el gobierno de Benito Juárez.

Algunas consideraciones que resultan oportunas llevar a cabo con relación al Código Penal de 1871 es que se dedicó un título, el undécimo, dirigido a sancionar penalmente los delitos de los funcionarios públicos en el ejercicio de sus funciones. Obviamente no todos los tipos penales estaban relacionados con delitos de corrupción, por ejemplo, el abuso de autoridad (salvo en los artículos 1009 y 1010).

Es de llamar la atención el capítulo séptimo del título referido, "Sobre algunos de los delitos de altos funcionarios de la Federación", en el cual se consideraba el ataque a las instituciones democráticas, a la forma de gobierno adoptada por la nación o a la libertad de sufragio de elecciones populares, la violación de algunas garantías individuales, entre otros (remitía la "Ley Orgánica del 3 de noviembre de 1870").

Además, estaba previsto que cualquier delito de dichos funcionarios diferente a los referidos, se castigaría con las prevenciones del Código en comento, esto es, también los "Altos funcionarios" (los referidos en el artículo 103 de la Constitución vigente de aquella época), podían ser investigados por delitos que cometieran en el ejercicio de sus funciones, por ejemplo: abuso de autoridad, cohecho y peculado, entre otros. También había tipos penales adicionales (delitos cometidos en materia penal y civil) que estaban expresamente dirigidos a jueces y magistrados, aunque no estaban directamente encaminados a inhibir delitos relacionados con hechos de corrupción, sino a conductas relacionadas con el mal funcionamiento de los tribunales.

Cabe destacar que, de forma directa, solo tres delitos estaban previstos para inhibir conductas relacionadas con hechos de corrupción en el Código de 1871. El primero de ellos, el abuso de autoridad (artículos 1009 y 1010), a la letra señalaba:

> Artículo 1009. El funcionario público que, teniendo a su cargo caudales del Erario, les dé una aplicación pública distinta de aquella a que estuvieren destinados, o hiciere un pago ilegal; quedará suspenso en su empleo de tres meses a un año. Pero si resultare daño o entorpecimiento del servicio; se le impondrá, además, una multa del 5 al 10 por ciento de la cantidad de que dispuso.
>
> Artículo 1010. El funcionario público que, abusando de su poder, haga que se le entreguen algunos fondos, valores u otra cosa que no se le habían confiado a él, y se los apropie o disponga de ellos indebidamente por interés privado; sea cual fuere su categoría, será castigado con las penas del robo con violencia, destituido de su empleo o cargo, e inhabilitado para obtener otros.

Por lo que toca al cohecho, el artículo 1014 describía:

> Toda persona encargada de un servicio público, sea o no funcionario, que acepte ofrecimientos o promesas, o reciba dones o regalos, o cualquiera remuneración, por ejecutar un acto justo de sus funciones que no tenga retribución señalada en la ley; será castigado con suspensión de empleo de tres meses a un año, y multa igual al duplo de lo que reciba.

Algunos de los preceptos jurídicos que acompañaban al tipo penal de cohecho referían los casos en los que se agravaba la pena (art. 1018), esto es, cuando el cohechado era el Juez, jurado, asesor, arbitro, arbitrador o perito y que el cohecho se verificara a cargo del cohechado (funcionario público). En todos los casos se contemplaba el decomiso de lo recibido por el cohechado y su aplicación al fondo de indemnizaciones (art. 1021).

Con relación a los particulares (el corruptor) estaba previsto que, por regla general, sufriría las reglas del cohechado, obviamente sin la suspensión del empleo o inhabilitación para ejercer cargo público (art. 1022). Las personas que intervenían a nombre del corruptor o cohechado eran castigadas como cómplices (art. 1025).

Cabe señalar que los tipos penales referidos contenidos en este título no exigían propiamente que el sujeto activo del delito fuera funcionario público, bastaba con ser encargado; las penas en todos los casos no eran altas y estaban acompañadas de destituciones e inhabilitaciones. En este sentido, difícilmente los funcionarios públicos o encargados que fueran investigados y procesados tenían posibilidad de estar encarcelados durante el procedimiento penal instruido en su contra.

Con relación al peculado, el artículo 1026 señalaba:

> Comete el delito de peculado: toda persona encargada de un servicio público, aunque sea en comisión por tiempo limitado y no tenga el carácter de funcionario, que para usos privados propios o ajenos, distraiga de su objeto dolosamente el dinero, valores, fincas o cualquiera otra cosa perteneciente a la Nación, a un municipio o a un particular; si por razón de su encargo los hubiere recibido en administración, en depósito o por cualquiera otra causa.

También estaba previsto, que no era excusa el ánimo de regresar con sus réditos o frutos aquello que se dispuso (art. 1027), pero si lo regresaba dentro de los tres días siguientes que se descubrió el delito, las penas serían reducidas (art. 1030).

En lo inherente al delito de concusión, el artículo 1032 contemplaba:

> Comete el delito de concusión: el encargado de un servicio público que, con el carácter de tal y a título de impuesto o contribución, recargo, renta, rédito, salario o emolumento; exija por sí o por medio de otro, dinero, valores, servicios, o cualquiera otra cosa que sepa no ser debida o en mayor cantidad que la señalada por la Ley.

En este tipo penal, la pena corporal y la multa también estaban previstas a los encargados y comisionados.

II. LEGISLACIÓN PENAL DURANTE EL SIGLO XX

Sesenta años posteriores al código de 1871, después de la época porfiriana, la Revolución Mexicana, el periodo caótico posrevolucionario y en pleno proceso de estabilización política del país, resulta interesante analizar la publicación del Diario Oficial con fecha 14 de agosto de 1931, relacionada, desde luego, al Código Penal.

De un estudio comparado de ambos códigos, uno vigente tres décadas antes de la finalización del siglo XIX, y otro, tres décadas posteriores a la entrada del siglo XX, podemos observar que, en términos normativos vinculados con el fenómeno de la corrupción, prácticamente no hubo cambios. Los ordenamientos penales son similares a un nivel significativo con relación a los delitos de corrupción, aunque hay algunos detalles, por ejemplo, el artículo 214 abrió aún más los supuestos del sujeto activo del delito al señalar que dichos delitos también podían ser cometidos por funcionarios públicos, agentes de gobierno o sus comisionados, sea cual fuere su categoría. Además, agregó otro supuesto adicional de abuso de autoridad, esto es, cuando por cualquier pretexto, se obtenga de un subalterno parte de los sueldos de este, dadivas u otro servicio (fracción novena).

En lo concerniente al delito de cohecho hay una sola pena, reducida, que iba de tres meses a cinco años. En lo que toca al peculado, explícitamente señala que, aunque no tenga el carácter de funcionario, solo bastaba estar encargado de un servicio público para que se pudiera configurar el delito (artículo 220). Asimismo, si regresaba el sujeto activo (quien comete el delito) dentro de los diez días siguientes a aquel en que se descubrió el delito, la sanción sería de uno a seis meses de prisión, sin perjuicio de la destitución, de la inhabilitación y multa correspondiente (artículo 221). Se trata de una disposición muy benévola y complaciente que no ayudaba en nada a inhibir este tipo de conductas delictivas.

Pasaron aproximadamente cincuenta años del Código Penal de 1931 para que los tipos penales relacionados con hechos de corrupción se tocarán por los legisladores. Durante este tiempo, los excesos y actos de corrupción de los funcionarios públicos fueron minando la economía del país. Tal vez los más escandalosos y de más impacto negativo fueron los hechos llevados a cabo por los presidentes de la república Luis Echeverría (1970-1976) y José López Portillo (1976-1982), pues dejaron al país en crisis y con una situación económica desastrosa, de ahí que hubiera un malestar generalizado en contra del gobierno evidentemente cleptócrata e ineficiente[70].

En estas circunstancias sólo hubo una reforma, intrascendente, de la cual se hace mención solo para registro. A la llegada del presidente Miguel de la Madrid Hurtado, ante la exigencia social de combatir la corrupción gubernamental ya generalizada, se creó la Secretaría de la Contraloría General

---

70 El día jueves 3 de enero de 1980 se publicó en el Diario Oficial de la Federación las reformas al Código Penal para el Distrito Federal en materia de fuero común y para toda la República en materia federal, específicamente a los artículos relacionados con el tipo penal de Peculado, al artículo 219 se le agregó un segundo párrafo en los términos siguientes:
"Cuando el peculado no exceda en su monto al equivalente a seis meses del salario mínimo general vigente en la región y en la fecha en que se consuma el delito, se impondrán al responsable de tres meses a seis años de prisión, multa de quinientos a cinco mil pesos, destitución del empleo o cargo e inhabilitación de uno a tres años para obtener otro."
Lo anterior, como se observa, para disminuir la pena de prisión, atendiendo al monto menor de los sustraído y a fin de evitar que sin importar el monto se pudiera aplicar un apena que pudiera llegar hasta a 12 años.
También se reformó el artículo 220 solo para agregar "El servicio público del Estado o descentralizado". Se trató de una reforma legislativa mínima e intrascendente.

de la Federación, cambió la denominación de funcionario público a servidor público para acentuar el servicio a la sociedad que debían observar los servidores públicos en su empleo, cargo o comisión.

Resulta pertinente recordar que el motivo de la reforma constitucional de 1982 se justificó con la implementación del programa de "renovación moral", con el cual se intentaba eliminar un fenómeno ya muy arraigado y frecuente, no solo en el gobierno sino también en la sociedad mexicana, la corrupción.[71]

En este contexto, se puede afirmar que en la historia de México nunca antes la sociedad mexicana había presionado

---

[71] "(...) Importa destacar que el móvil de la reforma constitucional de 1982 se debió al Programa de Renovación Moral instituido por el Presidente de la República de aquel entonces quien la enarboló e integró a su programa de gobierno por el cual trató de eliminar la práctica negativa social generalizada en favor de la corrupción. La función pública entonces, no se tomó como un privilegio, sino que implicaba necesariamente, la responsabilidad del servidor público que mantiene y sostiene a un gobierno determinado, de manera que la función pública es, finalmente, una de las más elevadas responsabilidades sociales. En el Plan Nacional de Desarrollo de 1983-1988, se expresaron las líneas fundamentales del programa de renovación moral, teniéndose presente que en el programa hay un conjunto de acciones de la sociedad, lo que en todo caso debe contar con servidores de conducta intachables. El ataque a la corrupción se encuentra asociado con el cumplimiento estricto de los principios del estado de derecho. De ahí que el plan asentase que sería simplista creer que la renovación moral se reduce a una persecución y a una sanción de los servidores públicos corruptos, sino que, para el gobierno, la renovación moral "en su expresión práctica equivale al perfeccionamiento de los sistemas de administración de los recursos del estado, la mejor regulación de las responsabilidades de los servidores públicos y el fortalecimiento de los mecanismos de control y vigilancia de la administración (...)". Véase: Tesis s/n, *Semanario Judicial de la Federación,* Octava Época, t. XI, enero de 1993, p. 335. No. de registro: 217616.

con tanta intensidad a un presidente de la república para combatir la corrupción. La presión social tuvo efecto, pues se llegó al grado de utilizar la amenaza de sanción penal para inhibir hechos de corrupción tanto de servidores públicos como de particulares.

En términos históricos, tuvo que pasar más de un siglo en la utilización del instrumento penal para combatir la corrupción, por lo menos desde una perspectiva jurídica.

La reforma penal de Miguel de la Madrid integra un Título Décimo "Delitos cometidos por servidores públicos". Al respecto plantearemos solo algunas consideraciones que, a nuestro juicio, son de las más relevantes.

A partir de la reforma de 28 de diciembre de 1982, el artículo 212 del Código Penal Federal da una nueva definición de lo que debe entenderse por servidor público, más completa y acabada, en los términos siguientes:

> Para los efectos de este Título y el subsecuente es servidor público toda persona que desempeñe un empleo, cargo o comisión de cualquier naturaleza en la Administración Pública Federal centralizada o en la del Distrito Federal, organismos descentralizados, empresas de participación estatal mayoritaria, organizaciones y sociedades asimiladas a éstas, fideicomisos públicos, en el Congreso de la Unión, o en los poderes Judicial Federal y Judicial del Distrito Federal, o que manejen recursos económicos federales.
>
> Las disposiciones contenidas en el presente Título, son aplicables a los Gobernadores de los Estados, a los Diputados a las Legislaturas Locales y a los Magistrados de los Tribunales de Justicia Locales, por la comisión de los delitos previstos en este título, en materia federal.

Así pues, se precisa de forma clara las características del sujeto activo del delito, elemento importante en la configuración de los tipos penales relacionados con hechos de corrupción.

El capítulo dos del título aludido contiene el tipo penal de ejercicio indebido del servicio público (artículo 214), dicho numeral en su fracción tercera refiere:

> III. Teniendo conocimiento por razón de su empleo, cargo o comisión de que pueden resultar gravemente afectados el patrimonio o los intereses de alguna dependencia o entidad de la administración pública federal centralizada, del Distrito Federal, organismos descentralizados, empresa de participación estatal mayoritaria, asociaciones y sociedades asimiladas a éstas y fideicomisos públicos, del Congreso de la Unión o de los poderes Judicial Federal o Judicial del Distrito Federal, por cualquier acto u omisión y no informe por escrito a su superior jerárquico o lo evite si está dentro de sus facultades" y la fracción cuarta IV "Por sí o por interpósita persona, sustraiga, destruya, oculte, utilice o inutilice ilícitamente información o documentación que se encuentre bajo su custodia o a la cual tenga acceso, o de la que tenga conocimiento en virtud de su empleo, cargo o comisión.
>
> Lo interesante a destacar es que en ambos casos se aplica de dos a siete años de prisión, además de la destitución e inhabilitación, esto es, hay un aumento de la penalidad.

Por lo que toca el delito de abuso de autoridad (artículo 215) se agregaron algunas conductas delictivas adicionales para inhibir a los servidores públicos en el otorgamiento de empleos, contratos de prestación de servicios a sabiendas de su incumplimiento (fracción décima); contratación a personas inhabilitadas (fracción undécima); y otorgamiento de identificaciones a personas que no se desempeñan realmente como servidor público (fracción décima segunda). Hay una sola penalidad para todos los supuestos, de una a ocho años de prisión, además de la destitución e inhabilitación.

La parte más significativa de la reforma penal impulsada por Miguel de la Madrid es el establecimiento de nuevos tipos penales: uso indebido de atribuciones y facultades; intimidación, ejercicio abusivo de funciones, tráfico de influencias, y enriquecimiento ilícito, los cuales se describen en la tabla siguiente:

Código Penal original (1931)	**Código Penal reformado (1982)**
Título décimo Delitos cometidos por funcionarios públicos	Título Décimo Delitos cometidos por servidores públicos
	Capítulo I. (Definición de "servidor público" y generalidades aplicables al todo el título).
Capítulo I. Ejercicio indebido o abandono de funciones públicas	Capítulo II. Ejercicio indebido de servicio público
Capítulo II. Abuso de autoridad	Capítulo III. Abuso de autoridad
Capítulo III. Coalición de funcionarios	Capítulo IV. Coalición de servidores públicos
Capítulo IV. Cohecho	Capítulo V. Uso indebido de atribuciones y facultades
Capítulo V. Peculado y Concusión	Capítulo VI. Concusión
	Capítulo VII. Intimidación
	Capítulo VIII. Ejercicio abusivo de funciones
	Capítulo IX. Tráfico de influencia
	Capítulo X. Cohecho
	Capítulo XII. Peculado
	Capítulo XIII. Enriquecimiento ilícito

Los delitos clásicos de cohecho y peculado también fueron modificados, aunque conservaron su esencia. Las penas fueron incrementadas, atendiendo a los montos involucrados, y la sanción más alta para ambos casos se fijó entre dos y catorce años de prisión. Esto implicaba que las personas sujetas a un proceso penal por estos delitos permanecieran en la cárcel durante el tiempo que durara el procedimiento en su contra.

El tema de la corrupción continuó siendo una preocupación constante en la sociedad mexicana, percibido como un mal que debía erradicarse. Sin embargo, en el ámbito político, con las reformas legales realizadas, especialmente en materia penal, se consideraba que ya se había cumplido con lo necesario para abordar el problema.

Los informes anuales que rindió Miguel de la Madrid durante su sexenio demuestran que sí hubo un avance, desde una perspectiva jurídica, pero, en cuanto a su aplicación, no se lograron los efectos que supuestamente se buscaban, que eran precisamente el de castigar penalmente a los responsables de los delitos relacionados con hechos de corrupción.

Ya no hubo más reformas durante el siglo XX. El tema más relevante fue la estabilidad económica del país, el narcotráfico y la transición hacia una verdadera democracia, en los que, por cierto, la corrupción forma un papel fundamental.

III. DEMOCRACIA Y CORRUPCIÓN

Los procesos electorales de 1997 y 2000 fueron la tumba del régimen presidencialista vigente durante décadas. Por primera vez, ya no hubo un partido hegemónico en el Poder Legislativo y hubo cambio de Presidente de la República de un partido diferente al PRI. En este escenario inédito en la historia mexicana, el fenómeno de la corrupción no pasó desapercibido, pues por primera vez en todos los sexenios subsecuentes hubo reformas penales relacionadas con hechos de corrupción.

En este sentido, durante el sexenio de Vicente Fox, en el año 2005 se incorpora un artículo 222 bis para establecer especificaciones con relación al delito de cohecho a servidores públicos extranjeros[72].

Más adelante, en el sexenio de Felipe Calderón Hinojosa, con su política de guerra contra el narcotráfico se agregó al

---

72 Código Penal Federal, artículo 222 bis: Se impondrán las penas previstas en el artículo anterior al que con el propósito de obtener o retener para sí o para otra persona ventajas indebidas en el desarrollo o conducción de transacciones comerciales internacionales, ofrezca, prometa o dé, por sí o por interpósita persona, dinero o cualquiera otra dádiva, ya sea en bienes o servicios:

I. A un servidor público extranjero, en su beneficio o el de un tercero, para que dicho servidor público gestione o se abstenga de gestionar la tramitación o resolución de asuntos relacionados con las funciones inherentes a su empleo, cargo o comisión;

II. A un servidor público extranjero, en su beneficio o el de un tercero, para que dicho servidor público gestione la tramitación o resolución de cualquier asunto que se encuentre fuera del ámbito de las funciones inherentes a su empleo, cargo o comisión, o

III. A cualquier persona para que acuda ante un servidor público extranjero y le requiera o le proponga llevar a cabo la tramitación o resolución de cualquier asunto relacionado con las funciones inherentes al empleo, cargo o comisión de este último.

Para los efectos de este artículo se entiende por servidor público extranjero, toda persona que desempeñe un empleo, cargo o comisión en el poder legislativo, ejecutivo o judicial o en un órgano público autónomo en cualquier orden o nivel de gobierno de un Estado extranjero, sea designado o electo; cualquier persona en ejercicio de una función para una autoridad, organismo o empresa pública o de participación estatal de un país extranjero; y cualquier funcionario o agente de un organismo u organización pública internacional.

Cuando alguno de los delitos comprendidos en este artículo se cometa en los supuestos a que se refiere el artículo 11 de este Código, el juez impondrá a la persona moral hasta mil días multa y podrá decretar su suspensión o disolución, tomando en consideración el grado de conocimiento de los órganos de administración respecto del cohecho en la transacción internacional y el daño causado o el beneficio obtenido por la persona moral.

delito de peculado (artículo 223) un agravante "cuando los recursos materia del peculado sean aportaciones federales para los fines de seguridad pública, se aplicará hasta un tercio más de las penas señaladas en los párrafos anteriores".

La joya de la corona en este auge democrático mexicano es la reforma penal de 2016, llevada a cabo durante el sexenio de Enrique Peña Nieto, aplaudida y reconocida en el ámbito internacional. Así es, contra todos los pronósticos y debido a la presión mediática, política y a la exigencia social, Peña Nieto publicó el decreto por el cual se reformaban, adicionaban y derogaban disposiciones del Código Penal Federal en materia del combate a la corrupción. Hay una observación al respecto: la vigencia de dicha reforma legislativa histórica iniciaría, según el artículo primero transitorio, a partir del nombramiento que el Senado de la República realizara del titular de la Fiscalía Especializada en materia de Delitos relacionados con Hechos de Corrupción. Pasaron más de dos años para que se nombrara fiscal, el cual fue nombrado y propuesta no por Peña Nieto, sino por su sucesor Andrés Manuel López Obrador. Así, por más de 2 años la reforma penal quedó solo en papel.

Algunas de estas reformas se presentan en los cuadros subsecuentes:

Antes de la reforma de 18 de julio de 2016	**Texto reformado**
Título décimo Delitos cometidos por servidores públicos	Título décimo Delitos por hechos de corrupción
	Artículo 212.- Para los efectos de este Título y el subsecuente, es servidor público toda persona que desempeñe un empleo, cargo o comisión de cualquier naturaleza en ... empresas productivas del Estado... (...)

	De manera adicional a dichas sanciones, se impondrá a los responsables de su comisión, la pena de destitución y la inhabilitación para desempeñar empleo, cargo o comisión públicos, así como para participar en adquisiciones, arrendamientos, servicios u obras públicas, concesiones de prestación de servicio público o de explotación, aprovechamiento y uso de bienes de dominio de la Federación por un plazo de uno a veinte años, atendiendo los siguientes criterios: (...)
Artículo 213.- Para la individualización de las sanciones previstas en este Título, el Juez tomará en cuenta, en su caso, si el servidor público es trabajador de base o funcionario o empleado de confianza, su antigüedad...	Artículo 213.- Para la individualización de las sanciones previstas en este Título, el Juez tomará en cuenta, en su caso, el nivel jerárquico servidor público y el grado de responsabilidad del encargo, su antigüedad...
CAPÍTULO II Ejercicio indebido de servicio público	CAPÍTULO II Ejercicio ilícito de servicio público
Artículo 215. Cometen el delito de abuso de autoridad los servidores públicos que incurran en alguna de las conductas siguientes: IX. Cuando, con cualquier pretexto, obtenga de un subalterno parte de los sueldos de éste, dádivas u otro servicio; XI. Cuando autorice o contrate a quien se encuentre inhabilitado por resolución firme de autoridad competente para desempeñar un empleo, cargo o comisión en el servicio público, siempre que lo haga con conocimiento de tal situación;	Artículo 215. Cometen el delito de abuso de autoridad los servidores públicos que incurran en alguna de las conductas siguientes: IX. Obtenga, exija o solicite sin derecho alguno o causa legítima, para sí o para cualquier otra persona, parte del sueldo o remuneración de uno o más de sus subalternos, dádivas u otros bienes o servicios. XI.- XI. Cuando autorice o contrate a quien se encuentre inhabilitado por resolución firme de autoridad competente para desempeñar un empleo, cargo o comisión en el servicio público, o para participar en adquisiciones, arrendamientos, servicios u obras públicas, siempre que lo haga con conocimiento de tal situación;

CAPÍTULO V Uso indebido de atribuciones y facultades	CAPÍTULO V Uso ilícito de atribuciones y facultades
Artículo 217. Comete el delito de uso indebido de atribuciones y facultades: I. El servidor público que indebidamente: A) ... B) Otorgue permisos, licencias o autorizaciones de contenido económico; C) ... D) ...	Artículo 217. Comete el delito de uso ilícito de atribuciones y facultades: I. El servidor público que ilícitamente: A) ... B) Otorgue permisos, licencias, adjudicaciones o autorizaciones de contenido económico; C) ... D) ... E) Contrate deuda o realice colocaciones de fondos y valores con recursos públicos. I bis. El servidor público que a sabiendas de la ilicitud del acto, y en perjuicio del patrimonio o el servicio público o de otra persona: A) Niegue el otorgamiento o contratación de las operaciones a que hacen referencia la presente fracción, existiendo todos los requisitos establecidos en la normatividad aplicable para su otorgamiento, o B) Siendo responsable de administrar y verificar directamente el cumplimiento de los términos de una concesión, permiso, asignación o contrato, se haya abstenido de cumplir dicha obligación (...) Se impondrán las mismas sanciones previstas a cualquier persona que a sabiendas de la ilicitud del acto, y en perjuicio del patrimonio o el servicio público o de otra persona participe, solicite o promueva la perpetración de cualquiera de los delitos previstos en este artículo. (...)

Sin correlativo	Artículo 217 Bis.- Al particular que, en su carácter de contratista, permisionario, asignatario, titular de una concesión de prestación de un servicio público de explotación, aprovechamiento o uso de bienes del dominio de la Federación, con la finalidad de obtener un beneficio para sí o para un tercero: I.- Genere y utilice información falsa o alterada, respecto de los rendimientos o beneficios que obtenga, y II.- Cuando estando legalmente obligado a entregar a una autoridad información sobre los rendimientos o beneficios que obtenga, la oculte. Al que cometa el delito a que se refiere el presente artículo, se le impondrán de tres meses a nueve años de prisión y de treinta a cien días multa.
Artículo 221. Comete el delito de tráfico de influencia: I.- (...) II.- (...) III.- (...)	Artículo 221. Comete el delito de tráfico de influencia: I.- (...) II.- (...) III.- (...) IV.- Al particular que, sin estar autorizado legalmente para intervenir en un negocio público, afirme tener influencia ante los servidores públicos facultados para tomar decisiones dentro de dichos negocios, e intervenga ante ellos para promover la resolución ilícita de los mismos, a cambio de obtener un beneficio para sí o para otro. (...)
Artículo 222. Cometen el delito de cohecho: I.- El servidor público que por sí, o por interpósita persona solicite o reciba indebidamente para sí o para otro, dinero o cualquier otra dádiva, o acepte una promesa, para	Artículo 222. Cometen el delito de cohecho: I.- El servidor público que por sí, o por interpósita persona solicite o reciba ilícitamente para sí o para otro, dinero o cualquier beneficio, o acepte una promesa, para hacer o dejar de realizar un acto propio de sus funciones inherentes a su empleo, cargo o comisión;

hacer o dejar de realizar un relacionado con sus funciones inherentes a su empleo, cargo o comisión; II.- El que de manera espontánea dé u ofrezca dinero o cualquier otra dádiva a alguna de las personas que se mencionan en la fracción anterior, para que cualquier servidor público haga u omita un acto relacionado con sus funciones, a su empleo, cargo o comisión, y	II.- El que dé, prometa o entregue cualquier beneficio a alguna de las personas que se mencionan en el artículo 212 de este Código, para que haga u omita un acto relacionado con sus funciones, a su empleo, cargo o comisión, y III.- El legislador federal que, en el ejercicio de sus funciones o atribuciones, y en el marco del proceso de aprobación del presupuesto de egresos respectivo, gestione o solicite: a) La asignación de recursos a favor de un ente público, exigiendo u obteniendo, para sí o para un tercero, una comisión, dádiva o contraprestación, en dinero o en especie, distinta a la que le corresponde por el ejercicio de su encargo; b) El otorgamiento de contratos de obra pública o de servicios a favor de determinadas personas físicas o morales. Se aplicará la misma pena a cualquier persona que gestione, solicite a nombre o en representación del legislador federal asignaciones de recursos u otorgamiento de contratos a que se refieren los incisos a) y b) de este artículo.
Artículo 224.- Se sancionará a quien con motivo de su empleo, cargo o comisión en el servicio público, haya incurrido en enriquecimiento ilícito. Existe enriquecimiento ilícito cuando el servidor público no pudiere acreditar el legítimo aumento de su patrimonio o la legítima procedencia de los bienes a su nombre o de aquellos respecto de los cuales se conduzca como dueño, en términos de la Ley Federal de Responsabilidades de los Servidores Públicos.	Artículo 224.- Se sancionará a quien con motivo de su empleo, cargo o comisión en el servicio público, haya incurrido en enriquecimiento ilícito. Existe enriquecimiento ilícito cuando el servidor público no pudiere acreditar el legítimo aumento de su patrimonio o la legítima procedencia de los bienes a su nombre o de aquellos respecto de los cuales se conduzca como dueño. Para efectos del párrafo anterior, se computarán entre los bienes que adquieran los servidores públicos o con respecto de los cuales se conduzcan como dueños, los que reciban o de los que dispongan su cónyuge y sus dependientes económicos directos, salvo que el servidor público acredite que éstos los obtuvieron por sí mismos.

	No será enriquecimiento ilícito en caso de que el aumento del patrimonio sea producto de una conducta que encuadre en otra hipótesis del presente Título. En este caso se aplicará la hipótesis y la sanción correspondiente, sin que dé lugar al concurso de delitos.

Tal como se desprende del cuadro anterior, por primera vez en el Código Penal Federal hubo un título en el que expresamente se hace referencia a delitos relacionados con hechos de corrupción. Algunos temas de llamar la atención son la nueva definición de lo que debe entenderse de servidor público, y cómo las disposiciones contenidas en este título son aplicables tanto a autoridades federales, como estatales.

Hay, además, precisiones y modificaciones a algunos de los delitos ya previstos con anterioridad. Hay un aumento de conductas de servidores públicos elevadas a delitos e incorporadas prácticamente a todos los tipos penales contenidas en el titulo aludido. Muchas de estas conductas delictivas nuevas, se refieren a hechos que pueden llevar a cabo legisladores federales y estatales, gobernadores y otros servidores que, en el ejercicio de sus funciones, incurran en hechos de corrupción, tales como los delitos de ejercicio ilícito del servicio público, abuso de autoridad, ejercicio abusivo de funciones, tráfico de influencias, cohecho, peculado, enriquecimiento ilícito, entre otros.

También hay un nuevo artículo, el 217 bis, dirigido exclusivamente a los particulares que participen en el delito de uso ilícito de atribuciones y facultades. Además, por lo que toca el delito de tráfico de influencias, se agrega un supuesto delictivo en el que pueden incurrir los particulares.

Con relación al delito de peculado, llevado a cabo por los particulares, las fracciones tercera y cuarta del artículo 223 hacen algunas prevenciones.

Sin lugar a duda, podemos afirmar que la reforma penal de 2016, desde una perspectiva histórica, es la más amplia e integral, porque además eleva las penas a los servidores que cometan delitos relacionados con hechos de corrupción y establece agravantes atendiendo a los montos del daño o afectación al Estado (por cierto, continuando con dicha tendencia legislativa).

Esta tendencia legislativa de reformar, modificar o adicionar tipos penales ha continuado, pues el 5 de noviembre de 2018 se publicó en el Diario Oficial de la Federación una reforma al Código Penal Federal. Se agregó al Título Décimo del Código ya aludido, un capítulo V bis, titulado "Del Pago y Recibo Indebido de Remuneraciones de los Servidores Públicos", incorporando dos nuevos artículos, 217 bis y el 217 ter; en el primero de los referidos artículos se describen las conductas de los servidores públicos que incurren en el delito de remuneración ilícita, y en el segundo se hace referencia a las penas atendiendo al beneficio otorgado u obtenido en contravención con las disposiciones de ley[73].

Definitivamente, está en el ánimo de los legisladores el endurecer las penas, pues recientemente los delitos relaciones con hechos de corrupción se incorporaron al catálogo de los delitos contenidos en el artículo 19 constitucional en los que procede la prisión preventiva oficiosa[74].

---

[73] Llama la atención que en ambos artículos todavía se haga referencia al salario mínimo vigente del Distrito Federal, aun cuando ya se modificó legalmente este último en Ciudad de México.

[74] Del contenido de la iniciativa del Senador Ricardo Monreal Ávila, del Grupo Parlamentario del Partido Morena, específicamente la exposición de motivos, para justificar la incorporación de los delitos relacionados con hechos de corrupción al catálogo de delitos de prisión preventiva oficiosa, entre otras cosas señala "DELITOS COMETIDOS EN MATERIA DE CORRUPCIÓN. En el sistema procesal penal anterior, los delitos cometidos por servidores públicos no

Además, se reformó el artículo 22 y la fracción XXX del artículo 73 de la Constitución para incluir los bienes producto de la corrupción en el catálogo de delitos sujetos a extinción de dominio[75].

---

eran considerados como graves, lo que eventualmente les permitía seguir su proceso en libertad. Esta posibilidad también existe en el actual sistema penal acusatorio, porque la Constitución Política no los incluye entre aquellos ilícitos penales en los que los imputados son sujetos de prisión preventiva oficiosa. Actualmente, para mantener bajo prisión preventiva durante su proceso a un servidor público, se precisa que el Ministerio Público justifique la necesidad de tal medida. De ello se deriva que el dictado de la misma está condicionado a la valoración tanto del Ministerio Público como del juez de la causa. Es fuerte el reclamo social en materia de combate a la corrupción y a la impunidad. De ahí la necesidad de establecer nuevas reglas procesales con respecto a las medidas cautelares que se aplicarán a los servidores públicos sometidos a juicio por hechos de corrupción materia del código Penal federal. En concreto se propone que se sometan a prisión preventiva para enfrentar el proceso que se les siga cuando existan pruebas suficientes que evidencien la comisión directa y/o la participación de los referidos servidores públicos en la realización de conductas tipificadas como delito por actos de corrupción. En esa virtud, se considera pertinente que al catálogo de delitos de prisión preventiva oficiosa establecido en el artículo 19 de la Constitución Política del país, se incorporen los delitos tipificados como hechos de corrupción." Véase: Monreal, Ricardo, *Iniciativa con proyecto de decreto por el que se reforma el artículo 19 de la Constitución Política de los Estados Unidos Mexicanos, en materia de delitos graves,* disponible en: http://infosen.senado.gob.mx/sgsp/gaceta/64/1/2018-09-20-1/assets/documentos/Inic_Sen.Monreal_Art.19_CPEUM_210918.pdf

75 El Senado de la República aprobó con modificaciones el dictamen que reforma el artículo 22 y la fracción XXX del artículo 73 de la constitución para incluir los bienes producto de corrupción en el catálogo de delitos sujetos de extinción de dominio. El dictamen aprobado por unanimidad se devolvió a la Cámara de Diputados para los efectos de lo dispuesto por la fracción E del artículo 72 constitucional. Véase: *Boletín número 750*, Senado de la República, 16 de noviembre

IV. LA LEGISLACIÓN PENAL EN EL CONTEXTO POLÍTICO

En ese orden de ideas, partiendo del estudio evolutivo de la legislación penal y atendiendo al escenario político de las épocas en las que se llevaron a cabo las reformas ya referidas en este capítulo, podemos afirmar que, en el proceso constructivo de la nación, el fenómeno de la corrupción estuvo presente pero no fue un tema principal, pues había que atender otros problemas no menores en el ámbito político, económico, social, etc., que padecía el país.

El caos jurídico y los vacíos legales estuvieron presentes en las primeras cinco décadas posteriores a la Independencia de México (1821). Fue hasta el periodo de codificación (a mediados de la segunda mitad del siglo XIX) cuando se logró legislar el primer Código Penal para el Distrito Federal y el territorio de la Baja California sobre delitos de fuero común y para toda la República sobre delitos contra la Federación 1871 (antecedentes del Código Penal Federal actual).

Durante la presidencia de Benito Juárez, atendiendo a la evidencia legislativa, no fue tema el fenómeno de la corrupción, aunque, desde luego, sí se padecía no solo en los tribunales, sino también en las demás instancias de gobierno.

Como se mencionó, este primer código penal encasilló en el título undécimo "Los delitos de los funcionarios públicos en el ejercicio de sus funciones" varios de los tipos penales aún vigentes (pero ya reformados y ampliados), como el abuso de autoridad, coalición de funcionarios, cohecho, peculado

---

de 2018, disponible en: http://comunicacion.senado.gob.mx/index.php/informacion/boletines/42728-suman-corrupcion-y-robo-de-hidrocarburos-a-la-extincion-de-dominio.html#:~:text=El%20Senado%20de%20la%20Rep%C3%BAblica,sujetos%20a%20extinci%C3%B3n%20de%20dominio.

y concusión. Podríamos identificar, para efectos estrictamente académicos, a estas reformas como de primera generación.

La dictadura porfiriana, la Revolución Mexicana y el periodo posrevolucionario (nos referimos al periodo de 1872 a 1929, aproximadamente) no fueron los escenarios ideales para llevar a cabo reformas legislativas en materia penal y su utilización como instrumento para inhibir conductas relacionadas con hechos de corrupción, sobre todo en el ámbito gubernamental, terminó siendo todo lo contrario. No solo había otros temas en el ámbito político, sino que, precisamente el régimen político autoritario, vertical, centralista de facto que se vivió en la época de Porfirio Díaz y cuya duración se extendió tres décadas aproximadamente, eliminó o por lo menos no abrió ninguna ventana para controlar el manejo discrecional.

El presidente Díaz no dudaba en utilizar incentivos económicos con recursos públicos y "favores políticos" para mantenerse en el poder. Cómo olvidar su frase célebre "ese gallo quiere máis"[76]. Tampoco las dos décadas de inestabilidad política provocada por la Revolución y el periodo posrevolucionario generaron condiciones: había otros temas más importantes de qué preocuparse, que el referente al enriquecimiento de los sonorenses Álvaro Obregón y Plutarco Elías Calles.

Lo anterior, se demuestra con las limitadas modificaciones que hay entre el Código Penal de 1871 y el Código Penal de 1931, con relación a los delitos relacionados con hechos de corrupción, esto es, pasaron 60 años y la legislación penal no cambió, se estancó, prácticamente, durante este largo periodo.

Con la llegada del régimen presidencialista (que abarca de 1934 a 1996) las cosas simplemente se paralizaron por 50 años. La amenaza penal no fue utilizada como instrumento

---

[76] Krauze, Enrique, *México: Biografía del poder*, México, Editorial Planeta Mexicana, 2017, p. 409.

para inhibir hechos de corrupción de los funcionarios de gobierno y particulares. En términos generales el ordenamiento penal fue letra muerta, solo los despilfarros y la corrupción desatada de dos sexenios, los de Luis Echeverría y José López Portillo, causaron la indignación suficiente para exigir un gobierno honesto y decente (¿acaso era mucho pedir?).

En este contexto el presidente Miguel de la Madrid implementó un programa llamado "Renovación Moral" con el fin de combatir la corrupción. Para tal efecto se creó un sistema jurídico más integral y se utilizó la amenaza penal como instrumento para inhibir conductas delictivas y hechos de corrupción, de ahí que se hayan creado nuevos tipos penales y aumentado las penas, aunque siguieron siendo generalmente bajas.

Solo la crisis económica, el debilitamiento del régimen presidencial y una creciente democracia en el ámbito político orillaron al gobierno federal a tomar la bandera de la "Renovación Moral", que no era otra cosa que combatir la corrupción, ya fuera de control, solo para efectos educativos. A este grupo de reformas se le puede denominar "reformas de segunda generación", por su relevancia y profundidad desde la perspectiva estrictamente jurídica y, por qué no, política.

La poca aplicación del instrumento penal para inhibir conductas delictivas relacionadas con hechos de corrupción durante el sexenio de Miguel de la Madrid, la notoria cleptocracia que resurgió con Carlos Salinas de Gortari (1988-1994), el encarcelamiento del hermano del expresidente Carlos Salinas de Gortari por delitos relacionados con hechos de corrupción, la caída del régimen presidencialista y el establecimiento de un régimen democrático (aunque incipiente) con la llegada del Presidente Vicente Fox (2000–2006), la guerra contra el narco que evidenció la corrupción arraigada en las policías y militares durante el sexenio de Felipe Calderón (2016-2012) y, por último, los escándalos de los Gobernadores encarcelados por delitos por hechos de corrupción y los acontecimientos durante el sexenio de Enrique Peña Nieto (la adquisición de la Casa Blanca) fueron creando las condiciones para una reforma histórica al Código Penal Federal, que para efectos didácticos podríamos encasillarlas como de "reformas de tercera generación". Pasarían más de tres décadas de las reformas llevadas a cabo por Miguel de la Madrid para retomar la amenaza penal como un instrumento para inhibir conductas delictivas relacionadas con hechos de corrupción.

Además, se creó un Sistema Nacional Anticorrupción y fiscalías especializadas estatales para combatir este flagelo social. Lamentablemente, estas reformas legislativas de tercera generación adquirieron recientemente vigencia con el nombramiento por el Senado de la Republica del Titular de la Fiscalía Especializada en materia de delitos relacionados con hechos de corrupción.

Capítulo cuarto

Aspectos funcionales y normativos que limitan la eficacia de la justicia penal

I. FALTA DE AUTONOMÍA DE LA FISCALÍA, ANTES Y DESPUÉS DE LA REFORMA PENAL DE 2008

La autonomía de las fiscalías generales de justicia, antes procuradurías, de los estados, sobre todo la fiscalía nacional y las fiscalías estatales especializadas en materia de combate a la corrupción, es un elemento indispensable para que en realidad, no una simulación, funcione la justicia penal para inhibir conductas delictivas relacionadas con hechos de corrupción.

Si se carece de una autonomía verdadera, no se podrá evitar que se convierta, de facto, en un instrumento del Poder Ejecutivo, que no solo utiliza (el instrumento) de forma selectiva por cuestiones políticas, mediáticas y personales, sino también como un escudo de protección contra los actos de corrupción que comete él y su grupo político con motivos de sus funciones en toda la esfera gubernamental. Se trata de una especie de arma que puede dispararse hacia fuera del sistema de forma selectiva, pero nunca hacia dentro (salvo excepciones y por extrema necesidad).

Por lo que respecta a la autonomía jurídica, históricamente, desde 1917 hasta la fecha, el artículo 21 de la Constitución de los Estados Unidos Mexicanos de forma clara señala que al Ministerio Público le corresponde la investigación de los delitos y la persecución de quienes los cometan.

Es importante resaltar que los agentes del Ministerio Público son frecuentemente nombrados, salvo excepciones, directamente por los titulares de las fiscalías generales de justicia (antes procuradurías). Esto genera una dependencia directa, ya que los fiscales generales tienen la facultad de exigir la renuncia de estos agentes. Aunque el avance hacia un servicio profesional de carrera está en proceso, aún no se ha consolidado por completo.

Por otro lado, los procuradores generales de justicia (ahora fiscales generales) han sido tradicionalmente nombrados a propuesta del titular del Poder Ejecutivo. Este último envía una terna al Senado (en el caso federal) o al Congreso del Estado (en el caso local), y dicho órgano elige a una de las personas propuestas.

Este mecanismo o procedimiento para la designación de procuradores (en su caso, fiscales) es histórico y oculta una trampa que funcionó de maravilla prácticamente durante el siglo pasado, ya que había un partido hegemónico en el poder al que pertenecía el Presidente de la República y los Gobernadores, lo que hacía que, en realidad, la designación recayera directamente como una facultad no escrita en la ley a favor del titular del Ejecutivo, quien mandaba la línea a los legisladores.

Desde principios del presente siglo y hasta las elecciones de 2018, ha habido un auge democrático en México y esta facultad, de facto, de los titulares del ejecutivo de nombrar a los procuradores cambió pues, en muchos de los casos, el partido hegemónico del poder (PRI) ya no lo fue. Por lo que toca al Senado, en el caso federal, y congresos en los estados, no hubo partido hegemónico y se dio la necesidad de consensar o llegar a acuerdos.

En este contexto, las procuradurías no en pocas ocasiones se convirtieron en un instrumento de control político, en el que se aplicó una justicia selectiva atendiendo a intereses personales y políticos. Esta lógica de verticalidad, de un poder central y la dependencia hacia el titular del Ejecutivo contribuyó de forma significativa a la aparición de escenarios no apropiados.

Al respecto, resulta pertinente citar la opinión del Dr. Adrián Rentería respecto a la posición institucional que ocupan fiscales y ministerios públicos, tanto federales como locales:

> La decisión de colocarlos dentro de la esfera de influencia del Poder Ejecutivo determina que su función en términos de autonomía e independencia sea muy endeble. Entiendo aquí por "autonomía" e "independencia", asumidas como conceptos sinónimos, la condición en la que se encuentra un sujeto que le permite tomar decisiones libres de toda influencia ajena, o sea, sin que un factor que no provenga de él mismo lo haya condicionado. Un órgano institucional, en este caso una Fiscalía, es autónomo e independiente no, o no solamente, cuando dispone de un patrimonio propio y ejerce a su antojo una partida presupuestal, sino cuando las decisiones que toma, para investigar o no investigar a alguien por un supuesto hecho delictivo y eventualmente ejercer la acción penal, si es el caso, no dependen de ningún cálculo personal o político, es decir, son decisiones que se toman, si se me permite esta fórmula, sin esperar nada de nadie y sin temer nada de nadie[77].

Los grandes escándalos de corrupción de servidores públicos integrantes del Poder Ejecutivo (sobre todo presidentes de la República, gobernadores y secretarios de Estado) han demostrado la omisión dolosa, la obstaculización, el enfriamiento del propio responsable de investigar los delitos (el Ministerio Público) cometidos por los servidores públicos aludidos en materia de corrupción.

La dependencia laboral, de facto, con el titular del Poder Ejecutivo, garantizó durante décadas (y hasta la fecha, salvo excepciones) la impunidad por la comisión de delitos

---

77 Rentería, Adrián y Guillén, Raúl, *Los principios en el procedimiento penal acusatorio,* México, UNAM, Instituto de Investigaciones Jurídicas, 2022, pp.112-113.

relacionados con la corrupción. Tener bajo tu control a quien puede investigarte es un escenario ideal para los excesos como los que llevaron a cabo algunos presidentes cuyos sexenios dejaron al país sumergido en crisis. Sólo basta recordar a Luis Echeverría, José López Portillo, Carlos Salinas de Gortari, Felipe Calderón y Enrique Peña Nieto, a los cuales ni siquiera se les abrió un procedimiento penal para ser investigados por la comisión de delitos relacionados con hechos de corrupción.

Un elemento de respaldo de lo antes afirmado es que, en las últimas dos décadas, en algunos de los estados de la República Mexicana en los que hubo cambio de gobierno de un partido diferente, los servidores públicos de alto nivel, es decir, gobernadores, fueron procesados o en su caso, sancionados por delitos relacionados directa o indirectamente con actos de corrupción. De los 17 gobernadores que enfrentaron señalamientos por la comisión de delitos relacionados con corrupción, nueve fueron sucedidos por gobernantes de otro partido. De estos últimos, siete tienen procedimientos abiertos en etapas más avanzadas, incluso enfrentan penas de prisión o se encuentran prófugos de la justicia.

Año	**Actor (a)**	**Principal puesto ocupado**	**Situación jurídica**
2011	Humberto Moreira	Gobernador de Coahuila (2005-2011)	La deuda del Estado aumentó en más de un centenar de veces, pasando de 200 millones a 35 mil millones de pesos. Tiene denuncias por Enriquecimiento ilícito, Peculado y Operaciones con Recursos de Procedencia Ilícita.
2014	Fausto Vallejo	Gobernador de Michoacán (2013-2014)	Señalamiento por vínculos con el crimen organizado (Caballeros Templarios).

2014	Ángel Aguirre	Gobernador de Guerrero (2011-2014)	Señalamientos por el caso Ayotzinapa. Además, un informe de la Auditoría Superior de la Federación sostiene que en la administración del perredista existieron irregularidades por 8 mil 362.3 millones de pesos, tras el desvío de dinero público de 22 programas federales entre 2011 y 2014.
2015	José Murat Casab Hinojosa	Gobernador de Oaxaca (1998-2004)	Señalamiento por Enriquecimiento Ilícito. Denuncias por abuso de autoridad, delincuencia organizada y violencia política.
2015	Arturo Montiel	Gobernador del Estado de México (1999-2005)	Se le acusó de posesión de mansiones millonarias y transacciones bancarias en México y Francia. Fue sujeto de indagatorias por autoridades fiscales e inclusive una averiguación previa por Operaciones con Recursos de Procedencia Ilícita.
2016	Miguel Alonso Reyes	Gobernador de Zacatecas (2010-2016)	Se le acusó de delitos como enriquecimiento ilícito, cohecho, abuso de autoridad, delincuencia organizada y malversación de recursos.
2016	Rodrigo Medina	Gobernador de Nuevo León (2009-2015)	Denuncias por operaciones con recursos de procedencia ilícita y peculado. El gobierno de Medina acumuló señalamientos de irregularidades por 4 mil 231.2 millones de pesos, según la ASF.
2017	Egidio Torre Cantú	Gobernador de Tamaulipas (2011-2016)	Denuncias por la complicidad de la protección que le proporcionó con seguridad para apoyar a un prófugo de la justicia, ahí incurre en encubrimiento, asociación delictuosa, delincuencia organizada.

2017	Rubén Moreira	Gobernador de Coahuila (2011-2017)	Denuncia por el supuesto desvío de 160 millones de pesos; también fue acusado de recibir cinco camionetas llenas de dinero por parte del cártel de los Zetas, según el testimonio de un integrante de la organización criminal.
2017	Guillermo Padrés	Gobernador Sonora (2009-2015)	Acusado de haberse construido una presa en su rancho, Padrés es acusado de operaciones con recursos de procedencia ilícita y defraudación fiscal, luego de que la PGR sostiene que el sonorense dispersó 8 millones de dólares presuntamente provenientes de sobornos depositados en el sistema financiero a través de 43 personas. De acuerdo con el gobierno de Sonora, Padrés dejó una deuda equivalente al posible desfalco que dejó en la entidad, al sumar 32 mil 538 millones de pesos.
2017	César Duarte	Gobernador de Chihuahua (2010-2016)	Prófugo. Según el gobierno estatal del panista Javier Corral, hasta ahora se ha podido documentar un desfalco de 7 mil 207 millones de pesos. El gobierno estatal también reconoce que Duarte dejó una deuda de 55 mil millones de pesos, lo cual representa un incremento de 284% durante su gestión.
2017	Javier Duarte	Gobernador de Veracruz (2010-2016)	La Auditoría Superior de la Federación acreditó el uso indebido de 35 mil millones de pesos. Actualmente se encuentra preso.

2017	Roberto Borge	Gobernador de Quintana Roo (2011-2017)	Se le investiga por el remate de 44 predios, con un desfalco que ascendería a casi 1 mil 100 millones de pesos, aun cuando hasta mediados de 2015 se habían rematado 308 predios, por lo cual el monto del desfalco sería todavía mayor. En tan sólo tres años de la gestión de Borge, de 2012 a 2014, la ASF detectó irregularidades por al menos 2 mil 486 millones de pesos.
2017	Fidel Herrera	Gobernador de Veracruz (2004-2010)	Se le ha citado en calidad de "investigado" por irregularidades en el sector salud durante su administración.
2018	Jorge Herrera Caldera	Gobernador de Durango (2010-2016)	De acuerdo con datos de la ASF, el gobierno de Herrera Caldera presenta irregularidades por 4 mil 500 millones de pesos. Aunque no se tienen denuncias, ha tramitado más de 20 amparos con relación a las investigaciones en su contra.
2018	Tomás Yarrington	Gobernador de Tamaulipas (1999-2005)	Extraditado a EE. UU., con cargos por crimen organizado y lavado de dinero en Texas.

*La información contenida en esta tabla fue obtenida de diversas fuentes periodísticas, tales como The New York Times, El Economista, Revista Proceso, Animal Político, Milenio, entre otros.

De los restantes ocho gobernadores referidos cuyo sucesor fue el mismo partido político, solo uno enfrenta una investigación a profundidad y fue extraditado a Estados Unidos (Tomas Yarrington, de Tamaulipas). El resto queda en señalamientos públicos o sólo en denuncia. Por lo que respecta a casos con exgobernadores que ya se les dictó sentencia, se presenta la tabla siguiente:

Exgobernadores con sentencia*			
Año	**Actor (a)**	**Principal puesto ocupado**	**Situación jurídica**
2013	Andrés Granier Melo	Gobernador de Tabasco (2007-2012)	En prisión por el delito de Peculado. Condenado a pagar 196 millones de pesos.
2014	Narciso Agúndez Montaño	Gobernador de Baja California (2004-2011)	Fue procesado y absuelto por el delito de Peculado.
2017	Luis Armando Reynoso Fernat	Gobernador de Aguascalientes (2004-2010)	Absuelto de sentencia. Peculado y ejercicio indebido del servicio público.

*La información contenida en esta tabla fue obtenida de diversas fuentes periodísticas, tales como The New York Times, El Economista, Revista Proceso, Animal Político, Milenio, entre otros.

Así pues, en los casos de gobernantes cuyo sucesor es del mismo partido (salvo excepciones), hay una tendencia de solapar, encubrir los actos delictivos relacionados con hechos de corrupción y con ello dejar impune dichas conductas delictivas. La estadística así lo demuestra.

Esta correlación nos parece confiable por los argumentos antes expuestos y más aún si vemos este mismo patrón en las sucesiones presidenciales de Sudamérica en las últimas décadas, pues en los casos donde ha habido alternancia del poder y se han dado señalamientos por hechos de corrupción a presidentes salientes, éstos, en su mayoría, han enfrentado procesos penales, han sido sentenciados y algunos de ellos pisaron la cárcel.

Periodo	Presidente (a)	Partido	Sucesor (a)	Partido sucesor	Acusación	Etapa/Sanción	Año
Brasil							
1985-1990	José Sarney	Partido del Movimiento Democrático Brasileño	Fernando Collor de Mello	Partido Laboralista Cristiano	Fraude y tráfico de influencias. Se le vincula con Petrobras	Investigación y señalamiento de Fiscalía	2017
1990-1992	Fernando Collor de Mello	Partido Laborista Cristiano	Itamar Augusto Cautiero Franco	Movimiento Democrático Brasileño	Peculado	Destituido por juicio político en 1992, señalado por corrupción. Actualmente enfrenta cargos por corrupción pasiva, lavado de dinero y asociación ilícita.	1992 y 2018
1995-2002	Fernando Henrique Cardoso	Partido de la Social Democracia Brasileña	Luiz Inácio Lula Da Silva	Partido de los Trabajadores	Señalado por recibir sobornos en caso Petrobras.	Investigación archivada.	2017

Periodo	Presidente (a)	Partido	Sucesor (a)	Partido sucesor	Acusación	Etapa/Sanción	Año
Brasil							
2003-2010	Luiz Inácio Lula Da Silva	Partido de los Trabajadores	Dilma Roussef	Partido de los Trabajadores	Corrupción, lavado de dinero	9 años y 6 meses de prisión	2017
2011-2016	Dilma Rousseff	Partido de los Trabajadores	Michel Temer	Movimiento Democrático Brasileño	Incumplimiento de metas fiscales, financiamiento ilegal en su campaña; además, se le acusa a varios miembros de su partido de recibir sobornos	Impeachment que concluyó en su destitución	2017
Perú							
1985-1990 y 2006-2011	Alan García	Partido Aprista Peruano	Alberto Fujimori / Ollanta Humala	Cambio 90 y otros / Partido Nacionalista Peruano	Señalamientos por sobornos	Llamado a testificar, investigación en proceso	2018

1990-2000	Alberto Fujimori	(varios) Cambio 90–Nueva Mayoría–Vamos Vecino-Sí cumple–Perú 2000	Valentín Paniagua	Acción Popular	Corrupción, delitos contra la salud	Condenado a prisión. Indulto y posterior anulación de ésta. Actualmente en espera de ejecución de pena de prisión.	2009
2001-2006	Alejandro Toledo	Perú Posible	Alán García Pérez	Partido Aprista Peruano	Acusado de soborno	Prófugo. Se ordenó prisión preventiva	2018
2011-2016	Ollanta Humala	Partido Nacionalista Peruano	Pedro Pablo Kuczynski	Peruanos Por el Kambio	Investigado por lavado de activos y sobornos	Estuvo en prisión preventiva hasta mayo de 2018	2017
2016-2018	Pedro Pablo Kuczynski	Peruanos Por el Kambio	Martín Alberto Vizcarra Cornejo	Peruanos Por el Kambio	Acusaciones de sobornos y corrupción	Renunció al cargo. Investigación abierta.	2016

Periodo	Presidente (a)	Partido	Sucesor (a)	Partido sucesor	Acusación	Etapa/Sanción	Año
Guatemala							
2000-2004	Alfonso Portillo	Frente Republicano Guatemalteco (Hoy Partido Republicano Institucional)	Óscar Bérger	Gran Alianza Nacional (hoy Partido Crecer)	Lavado de dinero	Condenado por lavado de dinero en EEUU, fue liberado en 2015 al conseguir que la pena se computara desde su detención en 2010	2010
2008-2012	Álvaro Colom	Unidad Nacional de la Esperanza	Otto Pérez Molina	Partido Patriota	Peculado y fraude	Libertad parcial por pagar fianza para salir de prisión preventiva	2018
2012-2015	Otto Pérez Molina	Partido Patriota	Alejandro Maldonado	Partido Unionista	Cohecho pasivo, especial defraudación aduanera y asociación ilícita	Prisión preventiva desde 2015	2015

2016-	Jimmy Morales	Frente de Convergencia Nacional	Actualmente en el poder		Acusado por grupo de trabajo de ONU por corrupto, se solicitó su desafuero		2018
Panamá							
2009-2014	Ricardo Martinelli	Cambio Democrático	Juan Carlos Varela	Partido Panameñista	Espionaje y corrupción	Proceso abierto. Detenido en Miami en 2017 para su posterior extradición a Panamá en 2018	2017
El Salvador							
1999-2004	Francisco Flores (+)	Alianza Republicana Nacionalista	Elías Antonio Saca González	Alianza Republicana Nacionalista	Peculado y Enriquecimien-to Ilícito	Denunciado en 2013, estuvo en prisión domiciliaria	2013

Periodo	Presidente (a)	Partido	Sucesor (a)	Partido sucesor	Acusación	Etapa/Sanción	Año
El Salvador							
2004-2009	Elías Antonio Saca	Alianza Republicana Nacionalista	Mauricio Funes	Frente Farabundo Martí para la Liberación Nacional	Desvío de fondos y lavado de dinero	Condenado a 10 años de prisión	2018
2009-2014	Mauricio Funes	Frente Farabundo Martí para la Liberación Nacional	Salvador Sánchez Cerén	Frente Farabundo Martí para la Liberación Nacional	Soborno, Malversación de fondos	Órdenes de aprehensión giradas en su contra; se solicitó su extradición pues se encuentra en asilo en Nicaragua	2018
Honduras							
1990-1994	Rafael Callejas	Partido Nacional de Honduras	Carlos Roberto Reina Idiáquez	Partido Liberal de Honduras	Sobornos millonarios en FIFA	Detenido. Proceso abierto en EEUU. Audiencia programada para Febrero de 2019	2018

Argentina							
2007-2015	Cristina Fernández de Krichner	Partido Justicialista	Mauricio Macri	Propuesta Republicana	Asociación ilícita y cohecho	Proceso abierto. Reciente desafuero para allanar sus domicilios	2018
Colombia							
2010-2018	Juan Manuel Santos	Partido Social de Unidad Nacional	Iván Duque Márquez	Centro Democrático	Señalado por medios de comunicación por presunta relación con caso Odebrecht		2017

*La información contenida en las tablas fue obtenida de diversas notas de periódicos digitales.

Tal como se desprende de ambos cuadros descriptivos, se puede corroborar que un elemento esencial (o, por lo menos, presente) es que en los casos de alternancia del poder hay un mayor avance de las investigaciones penales en contra de los titulares del ejecutivo y otros servidores públicos relacionados con hechos de corrupción.

Por lo que toca al ámbito Federal, la historia corre en el mismo sentido. En otras palabras, todos los presidentes por compromisos políticos (y haber sido por 'dedazo' de su antecesor), sin excepción, han carecido de voluntad política y no han llevado a cabo persecuciones a los presidentes que les han sucedido, pues ambos pertenecían al mismo partido político (nos referimos a la época que tuvo vigencia el Presidencialismo durante el siglo XX).

En este sentido, Enrique Krauze señala que fue el presidente Adolfo Ruíz Cortines quien estableció una regla no escrita en el sistema político mexicano: el presidente es intocable[78].

Esta situación o tendencia no ha variado a pesar de la llegada de presidentes de otro partido político en lo que va del siglo XXI. Tal parece, como ya dijimos, que hay un código implícito (desde luego, no jurídico), de no instruir procesos penales en contra de sus homólogos, a pesar de que algunos de ellos se hayan visto en escándalos de corrupción (es decir, se 'tapan' entre ellos).

Solo un hermano de un presidente ha estado en la cárcel por la comisión de delitos por hechos relacionados con corrupción, quien, por cierto, después de diez años de prisión

---

[78] Krauze, Enrique, *La presidencia imperial: ascenso y caída del sistema político mexicano (1910-1996)*, 4ª. ed., México, Tusquets editores, 1997, p. 178.

salió absuelto. Nos referimos a Raúl Salinas de Gortari, hermano del expresidente Carlos Salinas de Gortari[79].

En fin, a pesar de que hubo evidencia sobre las cuentas bancarias de millones de dólares a su nombre y evidencia de falsificar documentos oficiales en la que aparece con otro nombre, tan es así que se dictó sentencia condenatoria (misma que quedó firme en segunda instancia), los amparos que interpuso le "favorecieron" y con ello no solo se le devolvió el dinero, sino que salió absuelto de las acusaciones en su contra por la comisión de los delitos de enriquecimiento ilícito y lavado de dinero[80].

---

79 Raúl Salinas de Gortari sostuvo una relación sentimental con la española María Bernal, esta última en un libro que escribió y publicó describe de forma generosa los excesos del hermano (incómodo) y hasta una confesión de participar en el homicidio de su cuñado José Francisco Ruiz Massieu.
Con relación a los excesos (relacionados seguramente con hechos de corrupción), señaló que Raúl no paraba de viajar en su avión particular a diferentes lugares del país y del extranjero "como parte de su trabajo político, decía él". Con relación a la compra de inmuebles en el extranjero, refiere que en una ocasión Raúl le había encomendado la tarea de ir a Nueva York a llevar los costosos obsequios de su boda a un departamento que había adquirido en la 'Gran Manzana', no sin antes advertirle que si tenía algún problema en la aduana, explicara que todo aquello era del señor Carlos Hank Rhon, que por ningún motivo dijera su nombre. Sobre este mismo tema más adelante afirma "Al día siguiente ya estábamos en el bello departamento que se encontraba en la quinta avenida y tenía como vista el famoso Central Park". Bernal, María, Raúl Salinas y yo. Desventuras de una pasión, México, Editorial Océano de México, 2000, p. 100.

80 El coautor de la obra tuvo la oportunidad de prestar servicios profesionales en la Procuraduría General de la República, específicamente en la fiscalía encargada de investigar y llevar a cabo la acusación ante la autoridad judicial federal.

En los últimos años este sistema no ha cambiado, pero ahora se ha separado orgánicamente a las fiscalías de justicia del Poder Ejecutivo. Hay una tendencia hacia lograr la autonomía, pero de facto esta separación del Poder Ejecutivo es compleja, como lo ha sido, por ejemplo, la división de poderes en México, que durante décadas ha quedado en el papel.

Es muy lamentable que los titulares de los organismos autónomos (salvo excepciones) para llegar a la posición tengan que andar mendigando el favor político, no solo del titular del Ejecutivo para que sean incluidos en la terna, sino también toda una labor de cabildeo con los legisladores que habrán de aprobar su nombramiento. Es una verdadera monserga.

Muchas veces los perfiles para estos puestos son un requisito, pero solo eso; lo que verdaderamente cuenta, en mucho de los casos, es el favor político, el amiguismo, el compadrazgo, la complicidad, el servilismo, esto es, el factor político no escrito en ninguna parte de la convocatoria o en el procedimiento respectivo. De ahí que, lamentablemente, muchos de estos "servidores públicos" tengan compromiso político o ya de plano sean empleados, de facto, de quien o quienes los pusieron en el cargo.

En este sentido, tenemos que actualmente las fiscalías o procuradurías en 19 entidades federativas ya son "autónomas" y en 13 aún no lo son tal como se aprecia en el cuadro siguiente. Cabe señalar que es probable que algunos de los nombres que se mencionan aquí, ya no sean los titulares de las fiscalías, pues la movilidad en este tipo de cargos es muy activa; situación que

---

Durante años se invirtieron cientos de millones de pesos en el pago de recursos humanos, infraestructura, material de oficina, etc. Al final, el factor político seguramente hizo acto de presencia con los resultados ya referidos.

no afecta nuestro estudio, debido a que lo que queremos destacar, es saber, cuáles órganos son autónomos.

Entidad Federativa	**¿Es autónoma su fiscalía/ procuraduría?**	**Duración del cargo de Fiscal/ Procurador**	**Año de término de Fiscal/ Procurador, o de gobernante**	**Titular**
Aguascalientes	Sí	6 años	2024	Jesús Figueroa Ortega
Baja California	No	Mismo periodo que gobernador (a)	2019	Perla del Socorro Ibarra Leyva
Baja California Sur	No	Mismo periodo que gobernador (a)	2021	Daniel de la Rosa Anaya
Campeche	No	Mismo periodo que gobernador (a)	2021	Juan Manuel Herrera Campos
Chiapas	Sí	9 años	2026	Raciel López Salazar
Chihuahua	No	Mismo periodo que gobernador (a)	2022	César Augusto Peniche Espejel
Ciudad de México	Sí	4 años (ratificable por periodo igual)	2021	Edmundo Porfirio Garrido Osorio
Coahuila	Sí	7 años	2024	Gerardo Márquez Guevara
Colima	Sí	6 años	2024	Francisco Álvarez de la Paz
Durango	No	Mismo periodo que gobernador (a)	2022	Ruth Medina Alemán

Guanajuato	Sí	Mismo periodo que gobernador (a)	2018	Carlos Zamarripa Aguirre
Guerrero	Sí	6 años	2024	Jorge Zuriel de los Santos Barrila
Hidalgo	No	5 años	2023	Raúl Arroyo González
Jalisco	No	Mismo periodo que gobernador (a)	2018	Raúl Sánchez Jiménez
México	Sí	9 años	2023	Alejandro Gómez Sánchez
Michoacán	Sí	9 años	2027	José Martín Godoy Castro
Morelos	Sí	9 años	2027	Uriel Carmona Gándara
Nayarit	Sí	9 años	2026	Petronilo Díaz Ponce
Nuevo León	No	Mismo periodo que gobernador (a)	2021	Bernardo Gonzalez Garza
Oaxaca	Sí	7 años	2024	Rubén Vasconcelos Méndez
Puebla	Sí	7 años	2023	Gilbero Higuera Bernal
Querétaro	Sí	9 años	2025	Alejandro Echeverria Cornejo
Quintana Roo	Sí	9 años	2025	Miguel Ángel Pech Cen
San Luis Potosí	No	7 años	2024	Federico Arturo Garza Herrera

Sinaloa	Sí	7 años	2024	Juan José Ríos Estavillo
Sonora	Sí	9 años	2027	Claudia Indira Contreras
Tabasco	Sí	9 años	2023	Fernando Valenzuela Pernas
Tamaulipas	No	Mismo periodo que gobernador (a)	2022	Irvin Barrios Mojica
Tlaxcala	No	Mismo periodo que gobernador (a)	2022	José Antonio Aquiahuatl Sánchez
Veracruz	Sí	9 años	2025	Jorge Winckler Ortiz
Yucatán	No	Mismo periodo que gobernador (a)		Ariel Francisco Aldecua Kuk
Zacatecas	Sí	7 años	2025	Francisco José Murillo Ruiseco
TOTAL	20 autónomos			
	12 No autónomos			

Evidentemente, en este contexto los fiscales llegan a la posición con un gran compromiso político y se ven obligados ("moralmente") a obedecer, a servir o, ya de plano, a cumplir órdenes de quien los impulsó o los apoyó para lograr el cargo.

Para los políticos que toman decisiones y gozan de este poder, es una verdadera bendición el contar con este escudo de protección para lograr impunidad por las conductas delictivas relacionadas con hechos de corrupción realizadas por ellos mismos, sus familiares, amigos, conocidos y a quienes ellos decidan por interés económico, político, o de plano porque se les dio la gana.

Llama la atención cómo el expresidente Enrique Peña Nieto dejó pasar dos años y no ejerció su facultad de proponer una terna para el cargo de Fiscal General de la República al Senado, y cómo derivado de esta omisión tampoco se pudo nombrar al fiscal especializado en materia de combate a la corrupción, esto es, dejó la mesa servida para que el nuevo presidente de la república, Andrés Manuel López Obrador, precisamente, con la fórmula de siempre, propusiera una terna al Senado cuya mayoría de sus integrantes era de su mismo partido político, con los resultados que todos ya conocemos y nos hemos referido.

II. LA DEPENDENCIA FINANCIERA

Las procuradurías (ahora fiscalías) tanto a nivel federal como estatal han formado parte del Poder Ejecutivo y con ello han estado supeditadas, desde una perspectiva financiera, a las gestiones ante el titular del Ejecutivo para conseguir más recursos para la investigación y adecuado funcionamiento de la institución.

Prácticamente durante la vigencia del presidencialismo mexicano, por allá en la década de los cuarenta, aproximadamente, hasta finales del siglo XX, las procuradurías no gozaron de independencia presupuestal y estaban limitadas a la voluntad política del titular del Ejecutivo o a las gestiones ante la Secretaría de Hacienda (cuyo titular era nombrado directamente por el titular del Ejecutivo), y posteriormente a las gestiones ante los diputados para convencerlos y justificar la necesidad del presupuesto requerido para el rubro de procuración de justicia.

Así, tenemos que esta dependencia con relación al titular del Ejecutivo también lesiona de forma significativa la autonomía, pues hay un interés notorio de estar "bien" con los que reparten el dinero para tener recursos suficientes a fin de poder operar o trabajar de forma razonable, más aún, como ocurrió en varios casos cuando los procuradores tenían proyectos políticos.

En estos últimos años, si bien es cierto algunas procuradurías (ahora fiscalías), como en el caso del Estado de Sonora, ya son autónomas, esto es, no dependen orgánicamente del Poder Ejecutivo y podría desprenderse que hay una independencia financiera, lo cierto es que ello no ocurre del todo, pues de facto el titular de la fiscalía sigue haciendo gestiones ante el titular de la Secretaría de Hacienda del Estado, que depende del titular del Ejecutivo, tal y como ocurre seguramente en las demás entidades federativas.

Lo recomendable es una asignación fija de un porcentaje determinado del presupuesto anual de egresos a fin de no verse amarrado a cuestiones políticas, no solo del Ejecutivo sino también del Poder Legislativo. En el mundo ideal eso sería lo más conveniente, si es que realmente se pretende tener procuradurías (o fiscalías) autónomas y no una simulación, como ha ocurrido en el siglo pasado y en lo que va del presente siglo (salvo excepciones).

> En mi experiencia las medidas administrativas de carácter formal que se deben de tomar son las siguientes: a).- Que se establezcan en la Constitución Política local un porcentaje fijo irreductible del total del producto interno bruto del Estado como presupuesto de egresos anual para la Fiscalía General de Justicia en un monto que sea suficiente para proveer a sus necesidades de recursos humanos, equipamiento y gastos de operación; b).- Que esa cantidad le sea entregada en ministraciones mensuales de forma puntual; c).- Que los recursos Federales provenientes del Fondo de Apoyo a la Seguridad Pública (FASP) sean depositados de manera directa en la cuenta bancaria de la Fiscalía General de Justicia; y

d).- Que el trámite de recursos humanos se realice total y absolutamente en la Fiscalía General de Justicia sin injerencia alguna del poder ejecutivo.

Mientras no se adopten las medidas que refiero en el inciso anterior, el Fiscal se verá en la necesidad de mermar su autonomía ya que tendrá que estar acudiendo a pedir de "favor" al poder ejecutivo el trámite y ejecución de cada uno de esos puntos, circunstancia que obviamente se presta para condicionar su aprobación a la toma de decisiones en materia de procuración de justicia que, en un momento dado, pueden ser atentatorias a su independencia[81].

III. LA CORRUPCIÓN HISTÓRICA HACIA EL INTERIOR DEL SISTEMA DE PROCURACIÓN Y ADMINISTRACIÓN DE JUSTICIA

En pleno arranque de la nación mexicana, la corrupción fue permeando en la estructura burocrática, incluyendo, desde luego, a los funcionarios que formaban parte del Poder Judicial. La situación era difícil y había carencias, no había mecanismos de control administrativo ni organizacionales en el aparato burocrático, dicha situación generó la "apropiación" de puestos.[82]

---

81 Montes de Oca, Rodolfo, *Hacia una procuración de justicia autónoma en el Estado de Sonora. Retos y perspectivas,* México, pp. 105 y 106 [en prensa].

82 "Ya Maquiavelo se había referido a este aspecto en su libro El Príncipe, al señalar que ese era un medio de mantener la adhesión de los colaboradores. Desde luego que la esperanza debe estar fundada en una verdadera y posible premiación a la disciplina, al mérito y a la lealtad, pero cuando un golpe de Estado, un movimiento político o una eventualidad, incluso de poca importancia, llevan a romper la regla de los ascensos, se debilitan las relaciones de lealtad, se genera la corrupción y, desde luego, el desinterés por el trabajo que se

La falta de independencia de facto del Poder Judicial con relación al titular del Ejecutivo (situación de dependencia, que ahora se agravará con la modalidad de jueces electos popularmente) y, en ocasiones, con relación al Poder Legislativo, eliminó la posibilidad de que los funcionarios del tribunal fueran personas capacitadas y con el perfil para ocupar el puesto. Muchas de las veces, los cargos se repartieron a placer por los presidentes y los gobernadores, los cuales cumplían con los compromisos políticos adquiridos y, desde luego, porque preferían tener en sus filas personas leales y que apoyaran su proyecto político.

Lo anterior, generaba un problema no menor, esto es, no tenían las habilidades, destrezas y aptitudes necesarias para desempeñarse como lo requería su cargo y, por consiguiente, los procesos eran lentos; y tampoco había un incentivo para llevar a cabo un mejor desempeño, ya que el servilismo con el gobernante en turno era la manera más segura de subir en el escalafón: "Por lo general los nombramientos de funcionarios del Poder Judicial se distribuían directamente por el Presidente de la República, o bien por el Ministro de Justicia o los gobernadores de los Estados, quienes instruían a sus subordinados para que emprendieran el camino del papeleo respectivo".[83]

---

realiza. Esto sucedió prácticamente en todas las etapas de la historia decimonónica, tanto en los tribunales como en las oficinas del Poder Ejecutivo y por supuesto, entre los grupos de poder de las cámaras de representantes." Cárdenas, Salvador, *Administración de justicia y vida cotidiana en el siglo XIX: elementos para una historia social del trabajo en la Judicatura Federal y en los Tribunales del Distrito,* Dirección General de Casas de la Cultura Jurídica y Estudios Históricos de la Suprema Corte de Justicia de la Nación, México, 2007, p. 46.

83 Ibidem, p. 39.

No cabe duda de que esta mala práctica desde luego no ayudó a que hubiera una justicia imparcial en los tribunales, lo más lamentable es que esta situación se prolongó durante largo tiempo:

> El ejercicio de la "empleomanía" fue, en las épocas de Santa Anna, Álvarez, Comonfort y Juárez el eje sobre el cual giró la administración pública, estableciendo cada uno de estos gobiernos una red compleja de lealtades personales, de inclusiones y exclusiones, de amigos y enemigos, de camarillas y grupos opuestos entre sí, todo lo cual formaba solidaridades que por lo general obedecían más a conveniencias que a razones ideológicas, y menos aún a razones de competencia profesional.[84]

Un problema mayúsculo y arraigado en el funcionamiento de los tribunales penales fue la delegación de funciones del juez a sus subalternos, de los secretarios a los escribientes, de los escribientes a los demás empleados, e inclusive a los tinterillos, lo cual ocasionaba la dependencia y el manejo de la información y de los casos, los trámites, las diligencias, no a cargo del juez sino de sus empleados que, en términos generales, se aprovechaban para beneficiarse.

Llama la atención el caso de los tinterillos ya que ni siquiera formaban parte de la plantilla del juzgado, pero formaron parte del escenario judicial[85]. Los tinterillos no en pocas ocasiones

---

84 Ibidem, p. 40.

85 "Otra de las tácticas más gustadas por el tinterillo, y que, sin duda, también afectaba al uso cotidiano del tiempo laboral y procesal, era meterse hasta el último rincón de las oficinas de los juzgados, a entablar relaciones partidarias de sí mismos, a la conversación prolongada por horas, a la intriga y el contubernio, e incluso al chacoteo con los empleados: 'así es como también caminando todos fuera de la ley –decía el redactor del mismo diario antes citado- sin otra regla que un arbitrio no siempre regulado por la prudencia, arrancando concesiones al favor, cuando no sea obteniendo tristes ventajas del

llevaron a cabo trámites, diligencias y actuaciones en contubernio con empleados, secretarios o jueces, lo cual influía para que se tuviera una percepción negativa hacia cómo se trabajaba en el interior de los tribunales: "Estas relaciones fueron motivo más que suficiente para levantar la sospecha entre los miembros del foro sobre la posible corrupción debida al tráfico de influencias o de tratos y arreglos extraprocesales, e incluso de dádivas y regalos sutilmente escurridos entre las chanzas"[86].

Muchos factores influyeron para que no hubiere condiciones de operación mínima, de ahí que los funcionarios que trabajaban en los tribunales del Poder Judicial difícilmente podían desempeñase en un ambiente laboral adecuado.

El caudillismo permanente que padeció México en el siglo XIX tuvo efectos devastadores en el funcionamiento interno del sistema de justicia penal, pero sin duda uno de los principales problemas fue la falta de recursos para el pago de sueldos, lo cual orillaba a los funcionarios a cometer actos de corrupción para atender sus necesidades, y también, desde luego, la falta de independencia del Poder Judicial con relación al Poder Ejecutivo.[87]

---

soborno, se establecen insensiblemente relaciones, que no porque las repugna el decoro, dejan de comprometer a ciertas absurdas correspondencias que convierten la justicia en un tenebroso juego de miserables intrigas'" Ibidem, p. 122.

86 Ibidem, p. 125.

87 "El problema de los sueldos acompañó a la historia judicial mexicana por muchos años… Las causas son múltiples: los gastos excesivos en las guerras civiles e internacionales (con los Estados Unidos y en la Intervención Francesa), el reforzamiento de los ejércitos antes que el de la burocracia, las prácticas de corrupción como el fraude a las arcas y los favoritismos políticos para el "prorrateo" de los fondos públicos, y en general la mala administración de los recursos por no

Con el establecimiento de un régimen autoritario a la llegada de Porfirio Díaz, como era de esperarse, las cosas se complicaron aún más con relación a la falta de autonomía del Poder Judicial respecto del titular del Ejecutivo:

> En las últimas décadas del siglo la cuestión se tornaba más delicada y dolorosa, especialmente en el ramo penal, pues la falta de institucionalización de la judicatura se reflejaba en el recurso constante a los revanchismos, las venganzas y demás actos de corrupción fácilmente realizables cuando ni siquiera hay una ley clara que señale el límite de las conductas[88].

Con la caída del régimen de Díaz y la Revolución Mexicana acontecida en la segunda década del siglo pasado, el escenario cambió, pero siguió siendo, en el fondo, lo mismo en términos de malas prácticas y corrupción.

Si bien, la reforma constitucional de 1917 (artículo 21) logró la separación de los jueces en labores de investigación con el establecimiento de la figura del Ministerio Público, y estableció un sistema acusatorio público y oral, también lo es que en la implementación esto se distorsionó y muchas de las malas prácticas y corruptelas pasaron a las oficinas de las agencias del Ministerio Público y, con menos intensidad, a los tribunales.

Durante la vigencia del presidencialismo mexicano en el siglo pasado, el sistema de justicia penal sufrió una mutación, pero no se transformó del todo con relación al fenómeno de la corrupción.

Las oficinas de las Agencias del Ministerio Público se convirtieron en islas y cotos de poder en las cuales la corrupción formó parte del escenario cotidiano. Eran frecuentes (y en

---

contar en ocasiones ni siquiera con un elemental sistema de control administrativo y de contabilidad para las oficinas…" Ibidem, p. 185.

88 Ibidem, pp. 214-215.

ocasiones burdas) las acciones de corrupción de los Ministerios Públicos para arreglar o enderezar las averiguaciones previas en determinado sentido.

Tres factores influyeron de forma significativa para que las agencias del Ministerio Público se convirtieran en lugares en los que la corrupción floreció de forma abundante: primero, la amplia discrecionalidad; segundo, la falta de controles; y, tercero, la secrecía de todo lo que acontecía durante la integración del expediente en la etapa de averiguación previa.

Por lo que toca a la discrecionalidad, de facto el Ministerio Público gozaba de algunas facultades que aplicaba "según su criterio", para archivar, reservar o de plano no ejercitar acción penal. También durante el desahogo de pruebas tenía mucha libertad para manipular declaraciones testimoniales, atendiendo a factores no apegados a la ley.

Por lo que toca a la falta de controles, el Ministerio Público gozaba del monopolio del ejercicio de la acción penal, y contra sus determinaciones solo procedía el recurso de revisión que se instruía ante su superior jerárquico, esto es, se trataba de un procedimiento interno que debía llevarse a cabo en la misma institución, lo cual denotaba una gran limitación del recurso y nula garantía en cuanto a la imparcialidad de la autoridad que resolvía.

Otro elemento adicional para considerar es que no procedía el recurso de amparo contra violaciones procesales y garantías individuales, pues se estimaba, según algunos criterios judiciales, que se trataba de una etapa inicial y de investigación fuera del proceso penal.

Lo ya expuesto, desde luego, dejaba al indiciado (sujeto activo del delito), e inclusive a la víctima, a merced de los diversos funcionarios públicos que laboraban en las agencias del Ministerio Público.

Con relación a la secrecía, era el escenario ideal en el que precisamente la discrecionalidad y la falta de controles podía ejercerse con toda amplitud sin que hubiere consecuencia alguna, pues no había testigos, ni manera de acreditar que se había actuado con ilegalidad para perjudicar o beneficiar alguna al indiciado o, en su caso, a la víctima u ofendido.

Los actos de corrupción que diariamente se llevaban a cabo en las agencias del Ministerio público contaba con un elemento muy atractivo para los abogados litigantes, pues era sabido que las pruebas para efecto de sentencia eran desahogadas, precisamente, ante el Ministerio Público y no ante los jueces en los tribunales, es decir, la importancia de llegar a un arreglo a como diera lugar con los secretarios y el Ministerio Público era fundamental si se quería llegar a buen puerto.

Todos los beneficios y favores tenían un costo que era cubierto por los clientes, cuya desesperación jugaba un papel fundamental de la que se aprovechaban los abogados. En el peor de los casos, los arreglos se hacían directamente con el Ministerio Público y sus empleados, ahí en las oficinas, situación que ocasionaba un gran desprestigio a la institución.

Lo ya expuesto se agrava aún más si tomamos en cuenta que la policía también contribuyó de forma significativa en las malas prácticas y corruptelas que cotidianamente pasaban durante la averiguación previa. No en pocas ocasiones la policía participaba de forma directa en las componendas para beneficiar al indiciado a cambio de dinero. La forma de hacerlo era la omisión en la recopilación de elementos probatorios o alteración de la evidencia.

La impunidad de la que gozaban los policías y el Ministerio Público en la comisión de delitos relacionados con hechos de corrupción era un elemento distintivo del sistema de justicia penal mexicano, es decir, se carecía de voluntad institucional para investigar actos de corrupción hacia el interior y también hacia el exterior (salvo excepciones derivadas de lo burdo del acto de corrupción y por cuestiones mediáticas y políticas).

En la década de los setenta y ochenta del siglo pasado, los niveles de malas prácticas y corrupción alcanzaron los puntos más altos, de ahí que hubo necesidad de establecer algunos "controles": la creación de la Comisión Nacional de Derechos Humanos y el establecimiento de las garantías individuales a favor de la víctima u ofendido con la reforma al artículo 20 constitucional acontecida en 1993. Aunque, cabe aclarar, dichas reformas no fueron principalmente para combatir la corrupción, sino más bien evitar -sobre todo- la tortura de los indiciados y otorgar más derechos a favor de estos últimos y de las víctimas u ofendidos.

Por lo que respecta a los tribunales, las cosas cambiaron, pues dejaron de tener relevancia las "pruebas" desahogadas ante los jueces ya que, atendiendo a la jurisprudencia de inmediatez procesal, las pruebas del Ministerio Público tenían valor preferente.

La situación ya descrita en el párrafo anterior contribuyó a que disminuyera la importancia de lo acontecido durante el proceso, aunque en los casos de una mala integración o deficiente averiguación previa los "criterios" e "interpretaciones legales" tenían un peso y valor que podían impactar en el desenlace del caso. En estos supuestos se presentaban con frecuencia actos de corrupción, aunque no en las dimensiones y frecuencia como las acontecidas en las agencias del Ministerio Público.

Hacia al interior de los tribunales también había malas prácticas que de alguna manera contribuían a falta de controles con relación al actuar de los empleados que formaban parte de la plantilla laboral, me refiero a la delegación de funciones a secretarios. Al respecto, el procesalista argentino Binder señala: "Otro fenómeno muy difundido y masivamente aceptado en el funcionamiento de los sistemas judiciales es la delegación de funciones... La delegación de funciones es una forma de corrupción y permite una transferencia de poder muy perniciosa hacia los sectores administrativos de las instituciones judiciales"[89].

En el caso mexicano, la delegación de funciones permitió que los secretarios, en contubernio con los abogados -cuando se podía- hicieran sus arreglos:

> Todas estas formas de "pequeñas" y grandes corrupciones, directas e indirectas, no sólo son el resultado del accionar interno de las instituciones judiciales, sino que cuentan con una participación igual del gremio de los abogados. Muchas veces se habla de la corrupción judicial, incluso los propios abogados hablan de ella, sin notar que la corrupción judicial y la del gremio de abogados son una misma realidad con dos caras. Para cada una de las dimensiones que hemos señalado existe una práctica paralela en el ejercicio privado de la abogacía[90].

Ya para principios del siglo XIX, con la reforma constitucional de 2008 y la implementación de un nuevo proceso penal (conocido coloquialmente como "juicios orales"), el escenario cambió de forma radical y con ello los niveles de corrupción en los tribunales, o por lo menos, cambiaron las formas y los mecanismos.

---

89 Binder, Alberto, "Corrupción y sistemas judiciales", en *Sistemas Judiciales. Una perspectiva integral sobre la administración de justicia,* publicación semestral del Centro de Estudios de Justicia de las Américas, México, año 6, No. 11, 2006, p.19.

90 Ibidem, p. 20.

Capítulo quinto

La implementación del sistema acusatorio y su impacto en la eficacia de la justicia penal en materia de corrupción

A la luz del contexto histórico, los factores políticos, funcionales (operativos) y normativos, han influido de forma significativa en la ineficacia del sistema de justicia penal en materia de delitos relacionados con hechos de corrupción. En este escenario se inserta un Nuevo Sistema de Justicia Penal conocido (no del todo de forma correcta) coloquialmente como "juicios orales".

Los factores ya analizados en los capítulos anteriores son obstáculos no menores que deben superarse para lograr una adecuada consolidación del todavía nuevo proceso penal mexicano.

Aunado a lo anterior, las exigencias hacia las diversas autoridades en virtud de la vigencia de este nuevo enjuiciamiento penal tampoco son menores, pues a los policías se les exige niveles de capacitación y formación más elevados y técnicos; a los agentes de Ministerio Público, habilidades en materia de expresión oral, argumentación jurídica y destrezas de litigación oral; a los jueces, su presencia en las audiencias y habilidades en la conducción del debate y toma de decisiones.

Se pretende con el Nuevo Sistema de Justicia Penal desterrar las malas prácticas, como son la secrecía en el desahogo de pruebas, el desequilibrio procesal, la tortura y la incomunicación. El efecto de lo anterior es la disminución de la corrupción en las agencias del Ministerio Público y en los tribunales (por lo menos, en teoría).

Paralelo a lo ya expuesto, resulta de suma importancia hacer referencia a la reforma constitucional de 2015, en la cual se contempla la implementación de un Sistema Nacional Anticorrupción, mismo que, sin duda, constituye un intento histórico y de gran calado que habrá de mejorar las condiciones, a fin de lograr una mayor eficacia de la justicia penal en materia de delitos relacionados con hechos de corrupción.

En el presente capítulo se hará referencia a las condiciones en las que está aplicándose el Nuevo Sistema de Justicia Penal, tomando en consideración los elementos ya referidos, lo que permitirá conocer la situación actual de nuestro objeto de estudio.

I. NUEVO SISTEMA DE JUSTICIA PENAL

A. Implementación

La transformación al sistema de justicia penal en México durante las primeras dos décadas del presente siglo no es un evento aislado en América Latina[91], pues a lo largo y extenso de esta región se suscitaron reformas estructurales a los modelos de justicia penal. Al respecto, Máximo Langer[92] se refiere a ellos como "revoluciones", por la magnitud de las reformas.

---

91 Guillén López, Raúl, *Breve estudio sobre los intentos por establecer en México, los juicios orales en materia penal,* México, UNAM-Instituto de Investigaciones Jurídicas, 2012, p. 43 y ss.

92 Langer, Máximo, *Revolución en el proceso penal latinoamericano: difusión de ideas legales desde la periferia,* Argentina, CEJA-JSCA, 2016, disponible en: http://biblioteca.cejamerica.org/handle/2015/3370?show=full

En el caso latinoamericano y mexicano la bandera que justificó esta "revolución a los procesos penales" fue la necesidad de abandonar el sistema inquisitivo heredado por los españoles, el cual logró sobrevivir a la creación de los estados nacionalistas bajo un régimen constitucionalista a principios del siglo XIX, prolongándose su vigencia hasta principios del siglo XXI.

La reforma constitucional del 2008 constituye un esfuerzo extraordinario de abandonar el modelo inquisitivo al que se ha hecho referencia. En términos políticos e históricos se trata de una "revolución" al proceso penal mexicano, por cierto, muy similar a la reforma constitucional de 1917, aunque con algunas diferencias importantes.

Con la reforma constitucional 2008 se trata de resolver los problemas de opacidad en el desarrollo de pruebas, impulsar la audiencia oral y pública como escenario central en el que debe llevarse a cabo el debate, la presencia del juez en las audiencias, etc.

La implementación del Nuevo Sistema de Justicia Penal no tiene como objetivo principal combatir la corrupción en las agencias del Ministerio Público y en los tribunales, ni tampoco combatir la corrupción hacia el exterior de dichas instituciones, ni mucho menos la corrupción política.

Sin embargo, el impulso a la publicidad en las audiencias, el llevar el desahogo de pruebas a los tribunales y los acuerdos reparatorios entre las partes abonan, desde luego, a que disminuya la corrupción tan frecuente en las agencias del Ministerio Público y tribunales.

Cabe resaltar que los delitos relacionados con hechos de corrupción, por ejemplo, enriquecimiento ilícito, lavado de dinero, entre otros, son muy difíciles de acreditar. A ello le sumamos la exigencia que trae consigo para los operadores la obtención de la prueba para efectos de sentencia, ya no en la secrecía con la que gozaban de las omisiones del Ministerio

Público, sino en audiencias públicas en presencia de las partes y el juez, en un escenario muy diferente que requiere una mayor capacitación, profesionalismo y mejoramiento de técnicas y métodos de investigación, a fin de lograr una acusación con respaldo probatorio sólido por parte del Ministerio Público.

Además, habrá de considerarse que los acusados relacionados con delitos de hechos de corrupción generalmente cuentan con poder económico para contratar abogados que hagan frente a la investigación que se les está instruyendo en su contra. Inclusive tienen redes y contactos con políticos para, de alguna manera, lograr influir o llegar a arreglos con las autoridades encargadas de investigarlos.

No hay que pasar desapercibido que los delitos relacionados con hechos de corrupción cometidos en el ámbito político son los que más daño le hacen a la sociedad y los que históricamente han gozado de mayor impunidad.

La implementación de Nuevo Sistema de Justicia Penal fue gradual en el país durante los ochos años de *vacatio legis* que concedió el legislador a partir de 2008. Sin embargo, en los primeros años hubo un marcado estancamiento en su implementación a nivel federal y los estados. No todos lo implementaron de forma ordenada y con tiempo. Por ejemplo, el estado de Sonora, con un retraso muy marcado para finales del 2015, en solo 8 meses logró la implementación del sistema en toda la entidad[93].

---

[93] El coautor de la obra tuvo la oportunidad de fungir como Secretario Técnico de la Comisión Implementadora del Nuevo Sistema de Justicia Penal en el Estado de Sonora durante los años 2015 y 2016, en el gobierno de Claudia Pavlovich Arellano, de ahí de que pueda afirmar con toda certeza la omisión escandalosa que hubo en el gobierno estatal y la falta de voluntad política para dar cumplimiento con tiempo y de forma ordenada por el Gobernador Guillermo Pa-

En este contexto, la falta de voluntad política influyó para que hubiera omisión y desinterés en la implementación del sistema a nivel federal, sobre todo los primeros 4 años, pues muchos de los operadores del sistema de justicia penal esperaban una 'contra reforma' que fuera impulsada por Enrique Peña Nieto en 2012, pero eso no ocurrió, al contrario, Peña impulsó la vigencia e implementación de la reforma constitucional de 2008. Inclusive se logró la unificación de la legislación procesal penal en todo el país y la entrada en vigor, en el año 2014, del Código Nacional de Procedimientos Penales.

En este contexto, las inconsistencias, las malas prácticas generadas del sistema inquisitivo "tradicional", la falta de capacitación, etc., jugaron un papel relevante en el adecuado funcionamiento del sistema de justicia penal que, sumado a la complejidad de las investigaciones en los delitos relacionados con hechos de corrupción, constituyen un factor relevante a considerar para lograr la eficacia de la persecución en este tipo de conductas delictivas.

B. Consolidación

Un motor fundamental en la implementación del Nuevo Sistema de Justicia Penal fue, sin duda, la Secretaría Técnica del Consejo Consultivo para el Nuevo Sistema de Justicia Penal (SETEC), cuya función fue la de coordinar los esfuerzos de todas las autoridades involucradas en el sistema de justicia penal a nivel federal, estatal y municipal, a fin de dar cumplimiento a la reforma constitucional 2008.

Pues bien, una vez implementado en todo el país el nuevo modelo procesal penal, en junio de 2016, cuatro meses después

---

drés (2009-2015), quien, por cierto, terminó procesado precisamente por delitos relacionados con hechos de corrupción.

la SETEC desapareció, lo cual ocasionó que en los estados las Secretarías Técnicas homólogas que se habían creado para coordinar el seguimiento a la reforma penal fueran desapareciendo o dejando de funcionar de forma paulatina.

La SETEC gestionaba recursos federales a través de un fideicomiso de 5 mil millones de pesos, etiquetado para la ejecución e implementación de la reforma penal en todo el país.

La situación ya expuesta, dejó a la deriva el proceso de consolidación del Nuevo Sistema de Justicia Penal, es decir, el estudio, análisis, diagnóstico, planeación, evaluación, programas estratégicos necesarios para dar seguimiento a la etapa de consolidación.

No solo el tema de apoyos quedó en cero pesos, tampoco hay una secretaría encargada específicamente de ejecutar y llevar a cabo estas acciones que resultan de suma importancia para el fortalecimiento del Nuevo Sistema de Justicia Penal.

Desde luego, esta situación no abona a mejorar las condiciones de los operadores, sobre todo tratándose de delitos relacionados con hechos de corrupción que, además, como ya hemos referido, son complejos y muy difíciles en cuanto a la obtención de pruebas para su acreditación en los tribunales.

Se dejó de invertir y apoyar con recursos federales a la capacitación de los diversos operadores, a la infraestructura y laboratorios forenses, salvo algunos programas federales como el Fondo de Apoyo a la Seguridad Pública (FASP), que no está etiquetado específicamente para consolidar el proceso penal.

Además de lo anterior, habrá de tomarse en cuenta que el apoyo internacional que tuvo México en el proceso de implementación de la reforma penal (principalmente por parte de los Estados Unidos de América a través de la Agencia de los Estados Unidos para el Desarrollo Internacional [USAID, por sus siglas en inglés]) disminuyó de forma considerable y en la actualidad los apoyos son mínimos.

La USAID jugó un papel fundamental en los primeros años del presente siglo, antes y durante el proceso de la reforma penal de 2008 y su implementación en todo el país en junio de 2016. Pues bien, al igual que SETEC, USAID trabajó de forma paralela y en muchas ocasiones unieron esfuerzos.

En este contexto, el tema financiero que soportó y sirvió de base para la transformación y modernización del Nuevo Sistema de Justicia Penal simplemente desapareció y, en consecuencia, la etapa de consolidación no tiene ni pies ni cabeza, dejando a las autoridades estatales y a la propia federación esta tarea.

Desde luego, la situación descrita impacta en la eficacia de la justicia penal y más aún cuando se trata de delitos relacionados con hechos de corrupción, pues algunas de estas investigaciones requieren verdaderos especialistas en áreas financieras, contables, bancarias, fiscales, etc., y una gran inversión en las investigaciones que frecuentemente duran años.

En términos de procuración de justicia, en el ejercicio del derecho de acceso a la información pública, la Fiscalía General de la República, a través de la Coordinación de Planeación, Desarrollo e Innovación Institucional (COPLADII)[94], informó haber iniciado carpetas de investigación por los delitos de corrupción de 2014 a 2018 en los términos siguientes:

Delito	**2014**	**2015**	**2016**	**2017**	**2018**
Abuso de autoridad	2	72	1,058	1,400	851
Coalición de servidores públicos	0	0	9	7	4

94 *Oficio no. FGR/UTAG/DG/001122/2019*, Fiscalía General de la República, 18 de febrero de 2019. Respuesta a solicitud de acceso a la información pública por vía Plataforma Nacional de Transparencia.

Cohecho	0	4	151	212	253
Concusión	0	0	2	4	6
Ejercicio abusivo de funciones	0	2	24	44	29
Ejercicio indebido de servicio público	1	15	330	476	564
Enriquecimiento ilícito	0	1	43	48	71
Intimidación	0	2	4	10	22
Peculado	0	38	458	649	791
Tráfico de influencia	0	0	4	8	8
Uso indebido de atribuciones y facultades	0	1	101	127	143
Total	3	135	2,184	2,985	2,742

Además, la Fiscalía General de la República, a través de la Unidad Especializada en Investigación de Delitos Cometidos por Servidores Públicos y contra la Administración de Justicia (UEIDCSPCAJ) y de la Dirección General de Asuntos Especiales (DGAE), ambas de la Subprocuraduría Especializada en Investigación de Delitos Especiales (SEIDF), reporta haber iniciado las carpetas de investigación en los términos siguientes[95]:

<table>
<tr><th rowspan="2">Delito</th><th colspan="2">UEIDCSPCAJ</th><th colspan="2">DGAE</th></tr>
<tr><th>2018</th><th>2019</th><th>2018</th><th>2019</th></tr>
<tr><td>Ejercicio indebido del servicio público</td><td>6</td><td>0</td><td>0</td><td rowspan="2">1 por los dos tipos penales</td></tr>
<tr><td>Abuso de autoridad</td><td>7</td><td>0</td><td>0</td></tr>
</table>

95 Ídem.

Uso indebido de atribuciones y facultades	112	0	0	0
Uso indebido de atribuciones y facultades y cohecho	0	0	1	0
Concusión	1	0	0	0
Intimidación	1	0	0	0
Ejercicio abusivo de funciones	10	1	0	0
Tráfico de influencia	1	0	0	0
Cohecho	4	0	2	0
Peculado	98	0	0	0
Enriquecimiento ilícito	25	0	0	0
Total	265	1	3	1

Por otro lado, a raíz de la solicitud de transparencia realizada, la Fiscalía General de la República informó que la Visitaduría General[96] (en su respectiva competencia), reportó la información siguiente:

Sobre el Título Décimo del Código Penal Federal: "Delitos cometidos por servidores públicos", así como el Título Décimo Primero "Delitos cometidos contra la administración de Justicia"	**Total**
Denuncias recibidas	661
Asuntos en etapa de investigación inicial	387
Asuntos con sentencia condenatoria dictada	4
Asuntos en los que se ha ejecutado sentencia	1

96 Ídem.

Es importante destacar que, junto a la información proporcionada, la Fiscalía General de la República aclara que la información generada por sus unidades administrativas se realiza en el ámbito de sus respectivas competencias, sin que ello implique que la información otorgada sea contradictoria, ya que en algunos casos se trata del mismo evento, o en su caso es complementaria.

En materia de impartición de justicia, se solicitó al Poder Judicial de la Federación, mediante un ejercicio similar de acceso a la información pública, el número de sentencias condenatorias y absolutorias, así como las sentencias ejecutoriadas, partiendo de la entrada en vigor del Nuevo Sistema de Justicia Penal. Los resultados al mes de diciembre de 2018 se resumen en la tabla siguiente[97]:

Sentencias pronunciadas en los Centros de Justicia Penal Federal por delitos relacionados con hechos de corrupción (Título décimo del Código Penal Federal).						
Sentido de la sentencia	**Delitos**	**2016**	**2017**	**2018**	**Total**	**Asuntos en lo que se ha ejecutado la sentencia al haberse declarado firme**
Condenatoria	Abuso de autoridad	0	2	0	2	0
	Cohecho	8	16	17	41	29
	Desaparición forzada*	0	0	4	4	0

97 Ídem.

	Intimidación	0	5	0	5	0
	Peculado	0	2	4	6	2
	Uso indebido de atribuciones y facultades	0	3	4	7	2
Total condenatoria		**8**	**28**	**29**	**65**	**33**
Absolutoria	Abuso de autoridad	0	0	1	1	0
	Cohecho	0	3	0	3	0
Total absolutoria		**0**	**2**	**1**	**4**	**0**
Total General		**8**	**30**	**30**	**69**	**33**

*En la inteligencia de que este tipo penal fue derogado del Título Décimo el 17 de noviembre de 2017.

Cabe resaltar que, entre los meses de enero a marzo del año 2019, la Fiscalía General de la República, con relación a los delitos de peculado y uso indebido de atribuciones y facultades, abrió 172 carpetas de investigación, lo cual equivale al 46.7% de las que se abrieron en todo el año 2018, cuando solo se iniciaron 368. La distribución se aprecia en la tabla siguiente[98]:

---

98 Molina, Héctor, "A tambor batiente, investigaciones por corrupción de funcionarios", *El Economista* [en línea]. Consultado 04 de junio de 2019 en https://www.eleconomista.com.mx/politica/A-tambor-batiente-investigaciones-por-corrupcion-de-funcionarios-20190507-0012.html

Carpetas de investigación iniciadas en 2019	
Presunto delito	**Trimestre I**
Peculado	169
Uso indebido de atribuciones y facultades	3

La estadística habla por sí sola: en el país, la implementación del Nuevo Sistema de Justicia Penal no significa grandes cambios en números. Cabe resaltar que los delitos de Abuso de autoridad y Desaparición Forzada no se consideran de forma correcta dentro del Título Décimo del Código Penal Federal, pues dichos supuestos no son delitos relacionados con hechos de corrupción.

II. SISTEMA NACIONAL ANTICORRUPCIÓN

En el año 2015 y durante el sexenio de Enrique Peña Nieto, se llevó a cabo una reforma constitucional para el establecimiento de un Sistema Nacional Anticorrupción.

Precisamente, en el dictamen de las Comisiones Unidas de Puntos Constitucionales; Anticorrupción y Participación Ciudadana; de Gobernación, y de Estudios Legislativos, en el apartado III de consideraciones se hace referencia al esfuerzo realizado por la Cámara de Diputados y a la propuesta de modificaciones que contemplaba el Sistema Nacional Anticorrupción.

En dicho dictamen también mencionan los diversos sistemas que ya operan en el ámbito público, dando como ejemplos, el de Procuración e Impartición de Justicia, el Hacendario o el de Seguridad Pública, entre otros. Los legisladores señalaban:

> El planteamiento para establecer el Sistema Nacional Anticorrupción tanto a partir de la concatenación ordenada de una serie de espacios de quehacer público propios de una federación

> y de la división de poder y de las funciones públicas para su ejercicio como del establecimiento de una instancia misma de coordinación para atender el propósito nacional de prevenir, detectar y sancionar cualquier hecho de corrupción[99].

En dicho dictamen, los senadores hacían referencia a que podía hablarse de un sistema nacional anticorrupción, ya que el mismo integraba los poderes y órganos constitucionales autónomos, a los poderes y órganos autónomos de las entidades federativas, a los ayuntamientos, entre otros entes públicos; e inclusive a particulares.

Los senadores hacían referencia a que el Sistema Nacional Anticorrupción estaba concebido como un conjunto de acciones institucionales que contaba con una instancia de coordinación entre las autoridades de todos los órganos de gobierno competentes en la prevención, detección y sanción de responsabilidades administrativas y hechos de corrupción, así como en la fiscalización y control de recursos públicos. Dicha instancia de coordinación tendría responsabilidades específicas en el diseño y promoción de políticas integrales para la fiscalización y el control de los recursos públicos, y para la prevención, control y disuasión en materia de faltas administrativas y hechos de corrupción.

---

99 *Dictamen de las Comisiones unidas de Puntos Constitucionales; de Anticorrupción y Participación Ciudadana; de Gobernación, y de Estudios Legislativos, segunda, sobre la minuta con proyecto de decreto por el que se reforman, adicionan y derogan diversas disposiciones de la Constitución Política de los Estados Unidos Mexicanos, en materia de combate a la corrupción,* Senado de la República, México, 16 de abril de 2015, p. 62, disponible en: https://www.senado.gob.mx/comisiones/puntos_constitucionales/docs/Corrupcion/Proyecto_dictamen_160415.pdf

Uno de los pilares del Sistema Nacional Anticorrupción, según los senadores, era:

> El principio de investigación de los delitos y el establecimiento de probables responsabilidades para su dilucidación en el proceso penal correspondiente, a partir de la actuación del órgano competente de procuración de justicia, sea en la Procuraduría General de la República o sus transformación a Fiscalía General de la República, o en los órganos homólogos de las entidades federativas; y el principio de impartición de justicia por órganos imparciales con la autonomía para el caso de resoluciones... así como de sus homólogos en las entidades federativas; y de los juzgados y tribunales en materia penal de la federación y de las entidades federativas para la determinación de las acusaciones de responsabilidad criminal[100].

Con relación a la autonomía de la Fiscalía General, los senadores previeron que esta contara con una Fiscalía Especializada en Materia del Combate a la Corrupción, cuyo titular sería nombrado y removido por el Fiscal General de la República, esto último podría ser objetado por el Senado mediante el voto de las dos terceras partes de los miembros presentes en el plazo que fijara la ley.

La fiscalía especializada asumiría la función específica de conocer e investigar las denuncias por acciones y omisiones presuntamente constitutivas de delito, derivadas de posibles actos de corrupción de los servidores públicos y particulares.

El Sistema Nacional Anticorrupción y los Sistemas Locales Anticorrupción contemplan en el máximo órgano del sistema a un Comité Coordinador, en el que se encuentra el titular de la respectiva fiscalía especializada en delitos de corrupción.

---

100 Ibidem, p. 65.

Resulta interesante el funcionamiento de estos sistemas, pues permiten al fiscal vincularse y coordinarse de forma directa con otras autoridades que tienen información que puede servirle para efectos de una investigación criminal.

Además, puede, a través del Comité Coordinador, proponer recomendaciones no vinculantes para buscar el mejoramiento de la justicia penal en materia de delitos relacionados con hechos de corrupción.

Un ejemplo de lo anterior fue la recomendación no vinculante que envió el Comité Coordinador del Sistema Estatal Anticorrupción del Estado de Sonora al Congreso de esa misma entidad federativa, precisamente a propuesta del titular de la Fiscalía Anticorrupción, en los términos siguientes:

> Por lo que se recomienda, de manera respetuosa, al Congreso del Estado de Sonora, la modificación del artículo 26 de la Ley Orgánica de la Fiscalía General del Estado de Sonora, perfeccionando la delimitación adecuada de la competencia de la Fiscalía Anticorrupción del Estado de Sonora, al excluir de su conocimiento conductas delictivas distintas de las descritas en la Convención Interamericana contra la Corrupción (previstas en sus artículos VI y IX). Así como priorizar las denuncias recibidas atendiendo su grave impacto social y destinar a la Fiscalía General los casos de pequeña corrupción administrativa[101].

[101] *Primer Informe Anual del Comité Coordinador del Sistema Estatal Anticorrupción de Sonora,* Secretaría Ejecutiva del Sistema Estatal Anticorrupción de Sonora, México, 2018, p. 55, disponible en: https://drive.google.com/file/d/1q3FezRz6IvloKJ41b6ZZ7fITT_objah/view

III. LA INCLUSIÓN DE UN CAPÍTULO DE DELITOS RELACIONADOS CON HECHOS DE CORRUPCIÓN EN EL CÓDIGO PENAL FEDERAL

En materia penal simple y sencillamente se reformó el Código Penal Federal (CPF) para efecto de recoger todos y cada uno de los tipos penales ya existentes de los denominados como "Delitos cometidos por servidores públicos" -precisamente porque eran cometidos por servidores públicos- y cambiarles la denominación a "Delitos por hechos de corrupción".

En efecto, el 18 de julio de 2016 fue publicada en el Diario Oficial de la Federación la reforma al Código Penal Federal, con el objetivo de establecer los delitos relacionados con hechos de corrupción[102], en concordancia con el artículo 109, fracción II, de la CPEUM que a letra establece:

> Artículo 109. Los servidores públicos y particulares que incurran en responsabilidad frente al Estado, serán sancionados conforme a lo siguiente:
>
> I. ...
>
> II. La comisión de delitos por parte de cualquier servidor público o particulares que incurran en hechos de corrupción, será sancionada en los términos de la legislación penal aplicable.

Es, con toda claridad, la reforma al CPF mediante la cual se reglamenta el artículo 109, fracción II en cita y al efecto se precisa cuáles son los tipos penales desarrollados con hechos de corrupción y, en ese sentido, se establece taxativamente cuáles son los artículos que contienen los tipos penales que han sido

[102] Decreto por el que se reforman, adicionan y derogan diversas disposiciones del Código Penal Federal en Materia de Combate a la Corrupción, *Diario Oficial de la Federación*, 18 de julio de 2016, disponible en: https://www.dof.gob.mx/nota_detalle.php?codigo=5445043&fecha=18/07/2016

categorizados de tal forma. Así, la reforma modificó la denominación del Título Décimo del código en cita para pasar de ser "delitos cometidos por servidores públicos" a "delitos por hechos de corrupción", describiéndose a mayor detalle que antes, que es lo que debe entenderse, para efectos penales, como servidor público, estableciendo lo siguiente:

> Artículo 212.- Para los efectos de este Título y el subsecuente, es servidor público toda persona que desempeñe un empleo, cargo o comisión de cualquier naturaleza en la Administración Pública Federal centralizada o en la del Distrito Federal, organismos descentralizados, empresas de participación estatal mayoritaria, organizaciones y sociedades asimiladas a éstas, fideicomisos públicos, empresas productivas del Estado, en los órganos constitucionales autónomos, en el Congreso de la Unión, o en el Poder Judicial Federal, o que manejen recursos económicos federales. Las disposiciones contenidas en el presente Título, son aplicables a los Gobernadores de los Estados, a los Diputados, a las Legislaturas Locales y a los Magistrados de los Tribunales de Justicia Locales, por la comisión de los delitos previstos en este Título, en materia federal (...)

En este Título Décimo -entonces- se definen todos esos hechos de corrupción que ha de investigar la Fiscalía Especializada en Combate a la Corrupción (de la cual se hablará con posterioridad). Nos parece poco afortunado que el legislador, solo por el hecho de ser servidor público el perpetrador de la conducta, haya considerado el hecho como vinculado a la corrupción, con independencia de si se trata de un delito especial propio o impropio, ni mucho menos de si existió una infracción a un deber o si se obtuvo algún beneficio privado. Tal parece que lo único que importa es quién cometió el delito, no sus circunstancias ni su finalidad.

Con base en este criterio, podemos afirmar que el tipo penal de "Desaparición forzada de personas", contenido en el capítulo III BIS, artículo 215-A, del código en cita, estaba considerado (hasta antes de su derogación del Código Penal, el 17 de noviembre de 2017) como un hecho de corrupción pues, en efecto, se encontraba contenido en el título décimo del código. Dicho tipo penal, considerado para su persecución penal como delito de corrupción, establecía lo siguiente: "Comete el delito de desaparición forzada de personas, el servidor público que, independientemente de que haya participado en la detención legal o ilegal de una o varias personas, propicie o mantenga dolosamente su ocultamiento bajo cualquier forma de detención".

Asimismo, es corrupción (para efectos de nuestro Código Penal, se esté de acuerdo o no) el caso de las hipótesis contenidas en el artículo 215, fracciones V y VII con relación al delito de Abuso de autoridad, mismas que a letra dicen:

> V. Cuando el encargado o elemento de una fuerza pública, requerido legalmente por una autoridad competente para que le preste auxilio se niegue a dárselo o retrase el mismo injustificadamente. La misma previsión se aplicará tratándose de peritos.
>
> (...)
>
> VII.- Cuando teniendo conocimiento de una privación ilegal de la libertad no la denunciase inmediatamente a la autoridad competente o no la haga cesar, también inmediatamente, si esto estuviere en sus atribuciones (...)

De tal suerte que, apartándose del concepto de corrupción generalmente aceptado y anteriormente expuesto, nuestro código punitivo no hace distinción alguna y simplemente califica como corrupción todo acto realizado por un servidor público, con independencia incluso de si el acto se realizó o no con motivo de sus funciones. Por ejemplo, el caso del delito de "Intimidación", previsto en el artículo 219, fracción I, del Código Penal en cita, que a letra dice: ...

> El servidor público que por sí, o por interpósita persona, utilizando la violencia física o moral, inhiba o intimide a cualquier persona para evitar que ésta o un tercero denuncie, formule querella o aporte información relativa a la presunta comisión de una conducta sancionada por la Legislación Penal o por la Ley Federal de Responsabilidades de los Servidores Públicos (...)

Como se aprecia, con base en este delito cualquier servidor público, de la institución que sea, con independencia de sus funciones, con el hecho de inhibir o intimidar, empleando los medios que ahí se establecen con la finalidad específica de evitar una participación dentro de un proceso penal o disciplinario, es considerado un hecho de corrupción.

Es evidente la confusión que existe entre un delito de corrupción propiamente dicho y un delito cometido por servidor público, y en ese mismo sentido, la confusión reinante entre delitos conexos a la corrupción y delitos de corrupción propios. De tal forma que podemos aseverar que no todos los delitos actualmente catalogados como delitos por hechos de corrupción son precisamente cometidos por un acto de corrupción propiamente dicho. De igual forma, es evidente que el contenido del Código Penal Federal se aparta de la Convención Interamericana contra la Corrupción y la Convención de las Naciones Unidas Contra la Corrupción.

Este problema impacta fundamentalmente en dos aspectos: en primer lugar, no existe un concepto claro sobre que debe entenderse por corrupción para efecto de su persecución penal; por otro lado, la inobservancia de los tratados internacionales de la materia solo demuestra el desconocimiento de las prácticas idóneas para el combate efectivo al fenómeno, lo que redunda, sin duda, en el mantenimiento de los mismos resultados que a la fecha se han obtenido.

Recientemente, el 5 de noviembre de 2018, se incorporó un nuevo tipo penal denominado "Del pago y recibo indebido de remuneraciones de los servidores públicos", que a la letra establece:

> Artículo 217 Ter. Además de las responsabilidades administrativa y política, incurre en el delito de remuneración ilícita:
>
> I. El servidor público que apruebe o refrende el pago, o que suscriba el comprobante, cheque, nómina u orden de pago, de una remuneración, retribución, jubilación, pensión, haber de

> retiro, liquidación por servicios prestados, préstamo o crédito, no autorizado de conformidad con lo dispuesto en la Ley Federal de Remuneraciones de los Servidores Públicos;
>
> II. Quien reciba un pago indebido en los términos de la fracción anterior sin realizar el reporte dentro del plazo señalado en el artículo 5 de la Ley Federal de Remuneraciones de los Servidores Públicos, teniendo conocimiento de la ilicitud del acto, excepto cuando forme parte del personal de base y supernumerario de las entidades públicas que no tenga puesto de mando medio o superior, así como el personal de tropa y clases de las fuerzas armadas, o en los casos considerados por el mismo artículo 5 de la mencionada Ley como falta administrativa no grave.

IV. FISCALÍA ESPECIALIZADA EN EL COMBATE A LA CORRUPCIÓN

El 10 de febrero de 2014 se publicó en el Diario Oficial de la Federación la reforma en materia político-electoral que modificó el artículo 102, apartado A, de la CPEUM, para establecer que el órgano encargado de la procuración de justicia en México (la Procuraduría General de la República) contaría entre sus unidades, con una fiscalía en materia de combate a la corrupción, cuyo titular sería elegido por el Senado de la República en un procedimiento de escrutinio público, mediante comparecencias[103].

[103] Cabe aquí precisar que esta reforma constitucional no obliga a las entidades federativas a contar con una Fiscalía Anticorrupción, pues el artículo 102 apartado A, que fue reformado, regula la figura del Ministerio Público Federal y no así el de las entidades federativas. De tal suerte que no existía entonces la obligación constitucional de contar con una Fiscalía Anticorrupción para los Estados. Sin embargo, de acuerdo con el artículo 124 de la misma Carta Magna, tampoco existía un impedimento para establecer la figura.

Así, de conformidad con el artículo décimo octavo transitorio del decreto de reforma constitucional de 2014 antes referido, el 12 de marzo de 2014 el entonces Procurador General de la República publicó en el Diario Oficial de la Federación el Acuerdo A/011/14 que crea la Fiscalía Especializada en Materia de Delitos relacionados con Hechos de Corrupción (FEMC), la cual vino a sustituir a la Unidad Especializada en Investigación de Delitos Cometidos por Servidores Públicos y contra la Administración de la Justicia, la cual era competente para conocer e investigar los actos de corrupción y los delitos cometidos por los servidores públicos ajenos a la Institución en el desempeño de un empleo, cargo o comisión[104].

Seguida de la reforma anterior, el 27 de mayo de 2015 se modificó de nueva cuenta la CPEUM en materia de combate a la corrupción: se reformó -entre otros artículos- el artículo 113, creando el Sistema Nacional Anticorrupción, así como los sistemas locales en la materia, los cuales deben de estar conformados de forma equivalente al nacional y, en ese sentido, emergió entonces la obligación constitucional para las entidades federativas de contar con una fiscalía especializada en materia de combate a la corrupción.

A. Competencia

En este sentido, debemos de entender que, de conformidad al decreto de su origen, así como a lo establecido en la CPEUM, por competencia de esta fiscalía especializada se establecen los delitos por hechos de corrupción, remitiéndose su reglamentación a la codificación penal. No obstante, el decreto mediante el cual se crea el ente especializado establece:

---

104 De conformidad a lo establecido en el apartado de *consideraciones* del Acuerdo A/011/2014 en referencia, disponible en: http://dof.gob.mx/nota_detalle.php?codigo=5336635&fecha=12/03/2014

> Que por virtud de la reforma constitucional antes mencionada se estima necesario contar con una unidad fortalecida, la cual esté adscrita a la Oficina del Procurador General de la República y que tendrá por objeto la investigación y persecución de los delitos relacionados con hechos de corrupción de competencia federal, así como cualquier otro delito cometido por un servidor público federal en el desempeño de un empleo, cargo o comisión; (...)
>
> Que se entiende por delitos relacionados con hechos de corrupción a los tipos penales que establece el Código Penal Federal en el Título Décimo, que lleva por rubro "Delitos cometidos por servidores públicos", y el Título Décimo primero, que se denomina "Delitos cometidos contra la administración de justicia", así como a todos aquellos previstos en leyes especiales;

En este sentido, el concerniente acuerdo amplía lo que ha de concebirse por delitos relacionados con hechos de corrupción, al señalar en el primer párrafo de los antes referidos: "cualquier delito cometido por un servidor público federal en el desempeño de un empleo, cargo o comisión", lo que da la pauta a que se considere como hecho de corrupción, por ejemplo, una agresión que realice un cajero de alguna oficina recaudatoria en contra de cualquier usuario durante el desempeño de su empleo, cargo o comisión, situación la cual es completamente absurda y contraria al espíritu de la reforma.

De igual talante es el segundo párrafo de los antes transcritos al señalar que, no sólo los delitos del antes precisado título décimo del código sustantivo penal serán considerados como hechos de corrupción, sino también los contenidos en el título décimo primero de la codificación referida, misma que contiene los "Delitos cometidos contra la administración de justicia". De tal forma que pudo ser competencia del órgano especializado anticorrupción la hipótesis delictiva contenida en la fracción XI consistente en: "No otorgar, cuando se solicite, la libertad caucional, si procede legalmente", así como la fracción XII, misma que señala: "Obligar al inculpado a declarar, usando la incomunicación, intimidación o tortura"[105].

En este entendido, el problema no son los tipos penales, sino su categorización como hechos de corrupción y el establecimiento competencial de un órgano especializado sobre una basta rama de delitos, pues no se coloca en tela de juicio que sea un acto delictivo probablemente encuadrable como corrupción -entendida bajo un espectro muy amplio- el no otorgar, cuando se solicite, la libertad caucional, si procede legalmente, pues pueden existir motivaciones ulteriores como la económica o de cualquier otra índole, lo que motiva al Juez en este caso a no brindar la caución debida. Sin embargo, si se acreditara este hecho de receptación de recursos por parte del juez, es evidente que ya no estaríamos ante esta figura delictiva, sino ante un cohecho (art. 222, frac. I. CPF)[106].

---

105 Normatividad derogada por decretos publicados en el DOF el 17 de junio de 2016 y el 26 de junio de 2017.

106 En este entendido, ¿qué necesidad existe de que sea la Fiscalía Especializada la que conozca de esta amplia gama de delitos? si partimos del diagnóstico realizado por la Agencia de los Estados Unidos para el Desarrollo Internacional (USAID, por sus siglas en inglés) en conjunto con el Gobierno de la República de Honduras, a la Fiscalía Especial Contra la Corrupción (FECC) del mencionado país en el año 2005 en el cual establecieron que: "el objetivo de una fiscalía especializada en el combate a la corrupción es generar las condiciones necesarias para reprimir penalmente a quienes incurran en actos de corrupción; es decir, crear en todos los casos posibles la situación procesal que dé lugar a condenas contra los corruptos. Las metas deben ser detectar la mayor cantidad posible de los casos de corrupción administrativa, propiamente dicha; ubicar, recoger y preservar adecuadamente las fuentes de prueba; formular correctamente las acusaciones y sustentarlas ante los tribunales con pruebas y razones idóneas" (pp. 24-25), tenemos claro que con una competencia tan amplia se aprecia imposible la consecución del fin.
En efecto, del diagnóstico en cita entre las "disfunciones encontradas" el consultor aseveró que: "Un concepto vago y nada técnico de

En tal virtud, no se trata de combatir bajo una óptica amplísima el concepto de los delitos relacionados con actos de corrupción, sino de delimitar al máximo posible los mismos, de forma tal que el órgano prosector cuente con una especialización idónea para la tarea en contra de la 'gran corrupción', propiamente dicha, ya que sin duda puede considerarse como corrupción el acto mediante el cual un empleado de oficina gubernamental sustrae la papelería que tiene a su disposición. Nadie afirma que no deba sancionarse esta conducta, aquí lo que se debate es quién debe hacerlo.

Bajo un principio de relevancia, se deben de excluir de la competencia de las fiscalías especializadas aquellas conductas que no tengan la trascendencia económica o social necesaria para la intervención de un órgano de investigación especializado, pues hoy en día es fácilmente previsible el rebase de sus capacidades operativas con relación al número de asuntos que será capaz de conocer, propiciando con ello solamente impunidad y simulación en el combate de la corrupción.

En este punto, es pertinente realizar la distinción entre diversos tipos de corrupción -claro, sin entrar a mayor debate en

---

corrupción hace que la fiscalía en estudio se desgaste estérilmente conociendo hechos que no corresponden a su naturaleza de ente especializado..." (p. 19); de tal forma que esta competencia tan amplia solo dificulta el trabajo del ente especializado al verse obligado a encargarse de conductas que no implican un combate al fenómeno real de a corrupción, aquella que efectivamente correo la sociedad en su núcleo y que nos victimiza a todos. Véase: *Diagnóstico sobre la Fiscalía Especial Contra la Corrupción, perteneciente al Ministerio Público de la República de Honduras,* Proyecto de fortalecimiento del Estado de Derecho en Honduras, USAID, 2005, disponible en: https://caj.fiu.edu/espanol/proyectos/honduras/diagnostico-fiscalia—anticorrupcion.pdf el tema[107]-, pues lo cierto es que la mayoría de los autores que utilizan el vocablo 'corrupción' se refieren únicamente a actos de corrupción en el sector público o propiamente dicho 'corrupción pública', la cual se caracteriza por el involucramiento de un funcionario público, y es por eso por lo que la definición preferida por estos es la que se basa en el cargo público. En este mismo sentido, existen también al menos dos tipos de corrupción pública: la corrupción administrativa y la corrupción política o 'gran corrupción'.

De tal suerte que la finalidad es fraccionar la corrupción del sector público (en oposición a la corrupción privada, aceptada por ciertos autores) entre administrativa y política. No obstante, todos los tipos de corrupción organizacional comprenden una serie de actos que han sido tipificados de formas que varían según el sistema jurídico, aunque debiera existir cierta convergencia de conformidad a los instrumentos internacionales sobre corrupción. Así, la corrupción administrativa ha sido ampliamente abordada y las definiciones basadas en el cargo público se aplican bastante bien a ésta.

Sin embargo, de conformidad al Acuerdo A/011/14 que crea la Fiscalía Especializada en Materia de Delitos relacionados con Hechos de Corrupción, al citado ente le corresponde:

- Los delitos relacionados con hechos de corrupción, y
- Los delitos cometidos por los servidores públicos en el marco de sus atribuciones.

---

107 Al respecto, se recomienda altamente la tesis doctoral de Carolina Isaza Espinosa, titulada: *Arreglos institucionales de rendición de cuentas para el control de la corrupción en Colombia,* presentada para la Universidad Complutense de Madrid, Facultad de Ciencias Políticas y Sociología, España, 2012, disponible en: https://eprints.ucm.es/16232/1/T33922.pdf

Así, en su obra "Cómo investiga el Ministerio Público los hechos de corrupción"[108], el citado doctor Bernardino Esparza nos expone las Leyes federales que contienen delitos relacionados con hechos de corrupción y de servidores públicos, para lo cual tomó en cuenta aquellos delitos en los que el carácter de servidor público forma parte esencial del tipo penal genérico, es decir, no se tomaron en cuenta aquellos tipos penales en los cuales el "servidor público" se presenta como una agravante de algún tipo genérico.

Y en ese sentido expone la siguiente lista de delitos competencia de la Fiscalía Especializada:

- Código Penal Federal, artículos 214, 215, 215A, 216, 217, 218, 219, 220, 221, 222, 222 bis, 223,224 y 225.
- Código Fiscal de la Federación, artículos 214, 214 A y 214 B.
- Ley de Ahorro y Crédito Popular, artículo 142.
- Ley de amparo reglamentaria de los artículos 103 y 107 de la Constitución Política de los Estados Unidos Mexicanos, artículos 262, 264, 265, 266, 267, 268.
- Ley de Instituciones de Crédito, artículos 113 bis 3, 113 bis 4 y 128
- Ley de los Sistemas de Ahorro para el Retiro, artículos 107, 107 bis, 107 bis 1 y 107 bis 2.
- Ley de Migración, artículo 161.
- Ley del Seguro Social, artículos 315 y 316.

---

108 Esparza, Bernardino y Silva, Alejandra, *Cómo investiga el ministerio público los hechos de corrupción,* México, INACIPE, 2018, p. 21. Asimismo, véase: Pásara Luis, *Cómo sentencian los jueces del Distrito Federal en materia penal,* México, UNAM, 2006, p. 61 y ss.

- Ley Federal contra la Delincuencia Organizada, artículos 27 y 28.
- Ley Federal de Armas de Fuego y Explosivos, artículo 84, fracción II.
- Ley Federal para Prevenir y Sancionar los Delitos cometidos en Materia de Hidrocarburos, artículo 13.
- Ley General de Organizaciones y Actividades Auxiliares del Crédito, artículo 101 bis 2.
- Ley General para Prevenir, Investigar y Sancionar la Tortura y otros Tratos o Penas crueles, Inhumanos o Degradantes, artículos 24, 25 y 27.
- Ley para la Protección de Personas Defensoras de los Derechos Humanos y Periodistas, artículos 66 y 67.
- Ley para Regular Actividades de las Sociedades Cooperativas de Ahorro y Préstamo, artículo 116.
- Ley de Instituciones de Seguros y Fianzas, artículo 507 y 508.
- Ley Federal para la Prevención e Identificación de Operaciones con Recursos de Procedencia Ilícita, artículo 67.

Como se puede apreciar de la lista anterior, se incluye una gran gama de delitos, de los cuales se resalta entre todos ellos dos aspectos importantes:

- En primer lugar, es fácilmente subsumible ciertos de ellos en las figuras, por ejemplo, de peculado o cohecho, por lo que resultan tipos penales creados de forma excesiva, pretendiendo con ello justificar la ineficacia característica en la investigación de estos injustos;
- En segundo lugar, de los aspectos más preocupantes de la lista que se expone es la falta de competencia respecto de los delitos como el encubrimiento y el blanqueo de capitales (Operaciones con recursos de

procedencia ilícita [ORPI], art. 400 Bis. CPF), mismos que se encuentran contemplados en la Convención de las Naciones Unidas Contra la Corrupción, en específico el art. 23 contempla el delito de "Blanqueo de Capitales", el cual tiene como propósito el evitar ocultamiento del objeto o producto de una actividad ilícita.

Asimismo, mediante la introducción de los delitos de "encubrimiento" (artículo 24) y "obstrucción de justicia" (artículo 25), la convención en cita dota de forma íntegra las herramientas necesarias para la investigación formal de este tipo de delincuencia, caso contrario a lo que ocurre en nuestra legislación mexicana, pues ninguna de estas figuras se contempló como competencia del órgano especializado (no obstante, debiera ser posible su conocimiento en virtud de la posibilidad de ser delitos conexos). En ese entendido, en este indeterminado concepto de 'delitos relacionados en actos de corrupción' el común denominador no solo es el abuso de poder público en beneficio privado, sino también habría que agregar aquellos delitos que son medio para la consecución de su fin, tales como el encubrimiento y el blanqueo de capitales (ORPI).[109]

En este sentido cabe ahora cuestionarnos si la fiscalía especializada en la materia que nos ocupa cuenta con las facultades suficientes para realizar una investigación real de la corrupción política.

---

[109] De los anteriores delitos, las convenciones a las que nos hemos referido, al igual que el Código Penal Federal, contemplan la figura delictiva de enriquecimiento ilícito, el cual no es objeto de nuestro estudio por la característica especial del mismo como tipo penal residual, entre otras cuestiones.

B. Delitos de corrupción, delitos financieros y tributarios

Es innegable la comisión de delitos financieros y fiscales[110] en la perpetración de delitos de corrupción política y, para muestra, basta observar el caso de "La estafa maestra" o el caso de las "Empresas fantasmas de Duarte", en Veracruz, casos que fueron detectados por la Auditoría Superior de la Federación (ASF) y el Servicio de Administración Tributaria (SAT), y publicitados por medio de periodismo de investigación. Con lo anterior, podemos afirmar que el blanqueo de capitales y la falsificación de comprobantes fiscales (facturas), comúnmente hoy en día mediante el uso de Empresas Facturadoras de Operaciones Simuladas (EFOS), se realiza dentro de intrincadas redes de corrupción con el objetivo de procurarse los medios de cometer estos delitos, para facilitar su ejecución, para su consumación o para asegurar su impunidad.

Es por ello por lo que hay conexidad de delitos, en términos del artículo 30, párrafo segundo del CNPP, mismo que a letra señala:

> Se entenderá que existe conexidad de delitos cuando se hayan cometido simultáneamente por varias personas reunidas, o por varias personas en diversos tiempos y lugares en virtud de concierto entre ellas, o para procurarse los medios para cometer otro, para facilitar su ejecución, para consumarlo o para asegurar la impunidad

110 Para mayor bibliografía sobre este tema puede consultarse a De la Fuente Rodríguez, Jesús, *Delitos financieros teoría y casos prácticos,* México, Porrúa, 2005; Torres López, Mario Alberto, *Teoría y Práctica de los delitos fiscales,* México, Porrúa, 2000; Mabarak Cerecedo, Doricela, *Derecho penal fiscal,* México, Lazcano Garza editores, 1993; Merino Jara, Isaac y Serrano González de Murillo, J.L. *El Delito fiscal,* España, Editoriales de derecho reunidas, S.A, 2004.

Es aquí donde nuestras investigaciones en México están fallando, estamos investigando los delitos que sirven de medio y no la finalidad de estos delitos, aquella de la cual la Criminología nos puede hablar un poco más que el Derecho Penal, pero que resumiremos sencillamente en alcanzar el lucro indebido a costa del servicio público.

Al respecto, es posible entender la competencia exclusiva de la Federación sobre estos dos tipos de criminalidad, pues el manejo del sistema financiero, así como la protección del sistema fiscal de nuestro país, sin duda son competencia de la Federación por mandato constitucional, pero, no debemos olvidar que tratándose de delitos relacionados con actos de corrupción, estos dos tipos de delitos resultan accesorios al delito de corrupción, pues son usados como delitos medio, y en ese sentido, son delitos conexos en relación de subordinación al principal.

De forma común a ambos casos, resulta interesante realizar el análisis de la implementación de EFOS, declaradas o no de tal forma por el SAT[111], como *modus operandi* del delito para efecto de conseguir su consumación, en virtud de que mediante la simulación de la operación es como el particular se allega de los recursos que le son transmitidos bajo el supuesto amparo de la operación facturada por el servidor público, quien una vez recibidos los mismos, los extrae de la

---

111 Es decir, no obstante, no encontrarse en la lista de contribuyentes que emitieron comprobantes fiscales que ampararon operaciones inexistentes, debido a que no contaron con los activos, personal, infraestructura o capacidad material, directa o indirectamente, para prestar los servicios o producir, comercializar o entregar los bienes que amparan tales comprobantes, o bien, que dichos contribuyentes se encuentren no localizados, de conformidad con lo dispuesto por el artículo 69-B, antepenúltimo párrafo del Código Fiscal de la Federación.

cuenta bancaria para su entrega proporcional a los funcionarios participantes en la trama.

De tal suerte que las operaciones contenidas en los comprobantes fiscales expedidos por dichos contribuyentes (EFOS), no producen ni produjeron efecto fiscal alguno, de conformidad con lo dispuesto por el artículo 69-B del Código Fiscal de la Federación. En ese sentido, resulta fundamental para la formulación de imputación el desarrollar con toda precisión de qué forma fue acreditada esta simulación de operaciones y cuáles son los datos de prueba con los que se cuenta para acreditar la misma.

Así, se busca lograr acreditar que la empresa efectivamente no cuenta con los activos, personal, infraestructura o capacidad material para prestar los servicios o producir, comercializar o entregar los bienes que amparan tales comprobantes; asimismo, que la operación que ampara el contrato, la factura y la documentación administrativa y contable correspondiente que se haya realizado se ejecutó con el objetivo de encubrir la simulación de una operación, mismos actos que, si bien pueden ser constitutivos de forma independiente de diversos delitos, es bajo la regla de subsunción[112] (en concurso aparente de normas) que se deberán catalogar como aquella figura típica que contemple el daño patrimonial en el tipo objetivo, pues desde el momento en que se acredita como simulada la operación contenida en el CFDI,

---

[112] Hay que aclarar que cuando un delito es medio necesario para cometer otro que es el principal en la mente del autor, es posible que el primero quede subsumido al segundo, es decir, formará parte de su descripción típica, siempre y cuando el hecho pueda enmarcarse en él, y sólo se sancionará el último delito o principal. Por ejemplo: las Lesiones (dolosas) como instrumento para cometer un Robo calificado con Violencia, o el Uso de Documentos Falsos como medio engañoso para obtener un lucro indebido en el Fraude.

podemos presuponer que el recurso se ejerció con el objetivo de un beneficio ajeno al público.

Debemos entender que no puede existir una investigación de un caso de corrupción real sin que se investiguen y persigan también delitos financieros y fiscales. Por lo menos no de los delitos de gran corrupción. Por ello, debemos priorizar las denuncias recibidas atendiendo su grave impacto social y destinar a la fiscalía de delitos comunes los casos de pequeña corrupción administrativa, como las famosas 'mordidas' de policías, por ejemplo.

Así, para la investigación de estos delitos es necesario un alto contenido de técnicas contables y de investigaciones profesionales, discretas y que requieren de alta atención y capacitación por parte de los policías. Es por ello por lo que, como mínimo, toda fiscalía especializada debe contar con peritos auditores, expertos en técnicas de auditoría forense y demás técnicas contables, que les permitan realizar los dictámenes que los fiscales necesitan.

A la par, un cuerpo profesional de policías, que entiendan términos de administración pública y de contabilidad, que sepan del sistema financiero y técnicas contables, pero no solo eso, deben de saber interrogar y entrevistar testigos, así como construir redes de vínculos.

Todo lo anterior, bajo la dirección de un Ministerio Público especializado, que logre construir las narrativas necesarias para elaborar teorías del caso altamente complejas. Por lo que, sin lugar a duda, este trinomio requiere para su profesionalización y para poderse realizar, garantías laborales, es decir, un servicio profesional de carrera.

V. FISCALÍAS LOCALES ESPECIALIZADAS EN COMBATE A LA CORRUPCIÓN

Estas fiscalías -en su mayoría- continúan perteneciendo a la Fiscalía General de la entidad federativa correspondiente y operan todas y cada una de ellas a través de los agentes del Ministerio Público. Es decir, continúan siendo parte integrante de la institución del Ministerio Público, la cual está regida por los principios de unidad e indivisibilidad[113].

Como fiscalías locales, es cierto, podemos conocer de un catálogo de tipos penales similar al contenido en el Código Penal Federal, pero también es cierto que al ser incompetentes para conocer de estos delitos solo se ve una parte del *modus operandi* de un entramado de corrupción.

Nos explicamos: estas fiscalías locales pueden conocer de una licitación pública realizada de forma defectuosa, lo cual podría dar lugar a un ejercicio abusivo de funciones o figuras afín, pero la realidad es que esta conducta no es un hecho aislado, muy probablemente sea solo un delito medio para la comisión de un peculado o de uno de cohecho. No obstante, el rastreo de capitales y el modo de operación a través de inteligencia fiscal queda lejos de sus capacidades legales.

A ello, debemos agregarle que bajo el esquema de federalismo fiscal, los recursos que administran las entidades federativas provienen de recursos públicos federales bajo las modalidades de participaciones, aportaciones, convenios de descentralización de recursos[114], entre otros, los cuales se rigen bajo sus propias reglas; en ese sentido, no existe un conceso unánime de

---

113 Lo cual quiere decir, que todos los agentes del Ministerio Público, con independencia del fuero o área de adscripción, son competentes para la investigación de los delitos.

114 Para más información sobre el tema del Federalismo Fiscal, pueden consultarse: Cruz, Armando, *Federalismo Fiscal Mexicano,* Porrúa,

cuándo los recursos provenientes, por ejemplo, de un fondo de aportaciones para el sector salud, son de competencia de la Fiscalía General de la República y cuándo de la fiscalía local.

De igual forma, es pertinente agregar el rol en el que se desenvuelve la Auditoría Superior de la Federación y sus homólogas de las entidades federativas como denunciantes de la corrupción e, incluso, como representantes de la Hacienda Pública, como ocurre a nivel federal mediante las facultades que le fueron otorgadas en la Ley de Fiscalización y Rendición de Cuentas de la Federación (facultad de coadyuvancia contenida en el art. 67, frac. IV).

Este punto, relacionado con la problemática anteriormente expuesta, puede generar grandes complicaciones, aún más si se considera las igualmente nuevas facultades de fiscalización de participaciones federales y deuda pública que se le han brindado a la ASF.

Además, existen otros problemas adicionales. Por ejemplo, en Sonora, el presupuesto del Ministerio Público contra la corrupción se redujo notablemente en tres años. Desde su creación en 2015 hasta 2018, el presupuesto se redujo en un 50%, mientras que su carga de trabajo se incrementó en un 100%. Este es un dato impactante, especialmente considerando que, debido a estas acciones del Congreso estatal, el órgano especializado se encuentra abrumado por expedientes, operando con solo la mitad del personal con el que comenzó.

Si bien, gran parte de las fiscalías especializadas cuentan con autonomía técnica y de gestión, no cuentan con autonomía presupuestaría, es decir, su presupuesto sigue erogándose a nivel fiscalía general o procuraduría.

México, 2004 y Cruz, Armando, *Federalismo y la coordinación fiscal federal y estatal en México*, Porrúa, México, 2012.

Algunos de estos obstáculos que impactan el funcionamiento de las fiscalías especializadas anticorrupción estatales fueron ampliamente discutidos en la Convención Nacional de Fiscales Anticorrupción (CONAFA), celebrada en Hermosillo, Sonora, en diciembre de 2018, que reunió a todos los titulares de las fiscalías. Además de los obstáculos mencionados se hizo referencia a los siguientes:

- La dependencia política hacia el titular del Ejecutivo;
- Falta de presupuesto;
- Carencia de autonomía presupuestal;
- Se requiere un cuadro único de delitos;
- Necesidad de mayor especialización de recursos humanos;
- Los amparos detienen el avance de las investigaciones;
- Hay una carencia de jueces especializados en materia de corrupción;
- Problemas de las auditorías y contralorías en la integración de expedientes;
- La carencia de una ley general de delitos de corrupción (de alguna forma son federales);
- Falta de coordinación de las fiscalías estatales;
- Las personas que se persiguen tienen poder económico y por lo general pueden contratar equipos de defensa;
- Desgaste en asuntos importantes (corrupción política) y mediáticos de las fiscalías estatales en asuntos que terminan en la federación (85% aproximado);

El coautor de esta obra, en calidad de Secretario Técnico de la Secretaría Ejecutiva del Sistema Estatal Anticorrupción del Estado de Sonora, acudió a dicho evento y pudo apreciar la situación de forma directa que se padece al interior de las fiscalías estatales anticorrupción, de voz de los propios titulares.

Conclusiones

Desde una perspectiva histórica, es categórico afirmar que la justicia penal en México, salvo algunas excepciones, no ha sido eficaz para inhibir conductas delictivas en materia de corrupción. Sin embargo, en los últimos años, con la llegada de la alternancia en el poder, las cosas han cambiado un poco. Se observa una tendencia marcada hacia una mayor tipificación y aumento de sanciones para conductas relacionadas con hechos de corrupción. No obstante, este incremento en la tipificación y las sanciones no necesariamente ha implicado un mejor funcionamiento del sistema de justicia penal en su conjunto.

Son muchas las causas de esta ineficiencia e insuficiencia de la justicia penal en la historia de nuestro país, pero una de las principales (si no la principal) proviene del funcionamiento inapropiado del sistema político. Desde la misma construcción de la nación mexicana, podemos identificar numerosos gobernantes que llevaron a cabo conductas relacionadas con hechos de corrupción. Además, es evidente que no hubo voluntad política para sancionarlos. Estos gobernantes no mostraron interés ni contaron con las condiciones apropiadas para preocuparse por castigar a sus empleados por actos de corrupción que, dicho sea de paso, no estaban del todo debidamente regulados (tipificados) en la normatividad de la época.

Durante los siglos XIX y XX, México padeció sistemas políticos autoritarios, imperios, caudillismos, una larga dictadura porfiriana, un presidencialismo asfixiante, y unos breves lapsos de democracia. Todos estos regímenes políticos, salvo algunas excepciones, compartieron una característica común: la falta de castigo a los servidores públicos y particulares involucrados en conductas delictivas corruptas; en otras palabras, impunidad.

En este contexto, el procedimiento penal mexicano se caracterizó muchas veces por su manejo como instrumento de control político. En lugar de servir para castigar a los empleados públicos pertenecientes al grupo político en el poder, se utilizó como un mecanismo de represión contra los enemigos del gobernante en turno, funcionando de forma selectiva. Este uso selectivo y punitivo del sistema penal contribuyó a la perpetuación de la corrupción y la impunidad dentro de las estructuras de poder.

La división de poderes contemplada en la Constitución de México, en la práctica, no ha existido en muchos períodos históricos, ya que el titular del Ejecutivo ha controlado efectivamente a los poderes judicial y legislativo mediante el sistema de nombramientos de empleados públicos. Esta concentración de poder debilitaba los mecanismos de control y rendición de cuentas, favoreciendo la impunidad.

Además, el blindaje proporcionado por el fuero constitucional ha sido un obstáculo significativo para enjuiciar penalmente a los gobernantes y a los altos funcionarios públicos, especialmente en casos de corrupción. El procedimiento del desafuero, que es difícil y complejo, ha impedido su aplicación en la mayoría de los casos. Esto se debe a que el proceso debe esperar hasta la conclusión del encargo del funcionario, y con el paso del tiempo, la evidencia probatoria suele diluirse, al igual que el interés en la persecución penal. Este desinterés se debe, no pocas veces, a acuerdos políticos que aseguran la protección mutua entre los actores involucrados.

Ya adentrados al ámbito penal, concretamente en la tipificación de los delitos relacionados con hechos de corrupción, puede apreciarse muy poca actividad legislativa. Prácticamente durante todo el siglo XX no hubo regulación adicional a la existente en el siglo XIX, pues en el ámbito político no era prioridad el combate a la corrupción, fenómeno que, por cierto, formaba parte de la esencia del régimen presidencialista que padeció México durante décadas. Lo que caracterizaba a estos jefes del Poder Ejecutivo -tal vez, en la actualidad siga igual- es el poder de mando de toda la infraestructura estatal, llámese Procuradurías, Fiscalías, Departamentos Policiacos, Oficinas de Gobierno, etc., lo que permitía tener un poder absoluto, sin ninguna autoridad que los cuestionara o los contradijera.

Podríamos contestar con certeza a la pregunta '¿Por qué no han funcionado los mecanismos anticorrupción, en la historia de México?' diciendo que es porque dentro del organigrama estatal siempre han estado subordinados al poder ejecutivo, se crean con supuesta "autonomía", pero siempre están subordinados al poder ejecutivo ya sea Federal o Local. El tema no es nada nuevo, pues si se revisa la historia con detenimiento, podemos encontrar que el Ministerio Público fue una institución creada por Porfirio Díaz, quien la puso bajo su mando para mantener el control de la acción penal y así determinar a quién debía investigarse y quién no.

Solo en el periodo del presidente Miguel de la Madrid, con su programa de Renovación Moral, se incluyeron algunos tipos penales, pero en la práctica fueron contados los procesos que se instruyeron y muchos menos aquellos en los que se dictó sentencia condenatoria.

Además de lo anterior, es crucial reconocer los problemas funcionales internos del sistema de justicia penal que anulan cualquier posibilidad de eficacia en el tratamiento de delitos relacionados con la corrupción. Un punto central es el sistema de nombramiento de los procuradores (ahora fiscales) de justicia, que permite al titular del Ejecutivo ejercer control sobre el aparato penal. Este mecanismo no garantiza la independencia y autonomía necesarias de los encargados de investigar los delitos.

La terna que el titular del Ejecutivo propone al Senado, en situaciones donde se asegura algún compromiso político y moral del candidato favorecido para ocupar el cargo (especialmente si hay mayoría de senadores del mismo partido político que el titular del Ejecutivo), le permite ejercer el poder político para designar a un procurador o fiscal. Este procedimiento convierte la terna y el proceso legislativo en una simulación, una farsa.

Las estadísticas son contundentes y demuestran que, durante el presidencialismo hegemónico de un solo partido político, el aparato penal simplemente no funcionó de manera efectiva. Sin embargo, cuando hubo cambios de gobierno entre partidos diferentes, se observó una mayor voluntad política para perseguir y procesar a exgobernadores y servidores públicos de todos los niveles. Esto evidencia que el control político sobre el sistema de justicia penal ha sido un factor determinante en la selectividad y eficacia de la persecución penal en casos de corrupción.

Así pues, ya en el siglo XXI la situación ha experimentado cambios significativos. Con la llegada de la democracia (aunque tardía en comparación con otros países de América Latina) y los cambios de gobierno entre diferentes partidos políticos, se ha propiciado un ataque frontal al gobierno saliente en materia de corrupción. Esto es evidente en los casos de varios gobernadores que han sido procesados o que están actualmente en la cárcel.

Sin embargo, la estructura de poder subyacente sigue mostrando patrones preocupantes. Por ejemplo, el actual Fiscal General de la República fue propuesto mediante la fórmula habitual de una terna al Senado por parte del titular del Ejecutivo. Dado que la mayoría de los senadores pertenecen al partido del presidente, su designación fue aprobada sin contratiempos. Esta continuidad en el método de selección indica que los resultados que podemos esperar seguirán el patrón histórico: la politización del aparato penal.

Sin cambios en los mecanismos de nombramiento y en la estructura de poder, sugiere que el sistema sigue siendo vulnerable a la influencia política. La verdadera independencia del sistema de justicia penal, esencial para combatir eficazmente la corrupción, sigue siendo un desafío pendiente en México.

En este mismo sentido, la falta de autonomía y la dependencia del sistema de justicia penal respecto al gobernante en turno han convertido a la maquinaria penal en una "malla de protección" que, en muy pocas ocasiones, ha operado hacia el interior para sancionar conductas delictivas relacionadas con actos de corrupción cometidos por el propio gobernante y los empleados públicos. Esta situación ha sido especialmente notoria antes y durante el presidencialismo del siglo XX.

Esta "malla de protección" ha servido para blindar a los altos funcionarios y sus colaboradores de cualquier intento de investigación o sanción, perpetuando un ciclo de impunidad que socava la confianza pública en las instituciones y en la capacidad del sistema de justicia para actuar con independencia y eficacia.

La dependencia estructural del sistema de justicia penal respecto al poder ejecutivo ha generado un ambiente en el que la impunidad prevalece, dado que los mecanismos legales y judiciales están subordinados a la voluntad política del gobernante. Esto ha permitido que los delitos de corrupción no sean investigados ni sancionados adecuadamente, consolidando una cultura de permisibilidad y tolerancia hacia estas conductas.

Por último, la implementación del Nuevo Sistema de Justicia Penal y su vigencia a partir del año 2016 en todo el país no ha encontrado las mejores condiciones para su aplicación. Las estadísticas así lo demuestran: el número de procesados y sentenciados por delitos relacionados con hechos de corrupción no ha variado significativamente. Exceptuando los procesos contra exgobernadores y algunos servidores públicos, las cifras se mantienen constantes, lo cual refleja la persistente ineficiencia de la justicia penal para inhibir delitos de corrupción.

En este escenario, el proceso de implementación del Sistema Nacional Anticorrupción y los Sistemas Estatales Anticorrupción ha sido una bocanada de aire para mejorar el funcionamiento del sistema de justicia penal, pues existe mayor coordinación entre todas las autoridades encargadas de prevenir, detectar y sancionar los hechos de corrupción, entre las cuales se encuentra el fiscal especializado en hechos de corrupción. Además, se cuenta con una Plataforma Digital Nacional que permite concentrar información que puede ser utilizada en procesos penales.

Con relación al párrafo anterior, las fiscalías especializadas en materia de combate a la corrupción, han presentado algunos obstáculos normativos, organizacionales, estructurales y políticos que influyen de forma negativa en su funcionamiento, sobre todo en los fiscales especializados de las entidades federativas.

En fin, la eficacia de la justicia penal en delitos relacionados con hechos de corrupción históricamente deja mucho que desear. Los resultados son de escándalo.

Si bien la creación del Nuevo Sistema de Justicia Penal y la implementación del Sistema Nacional Anticorrupción y los Sistemas Estatales Anticorrupción constituyen avances importantes, lo cierto es que el fantasma del factor político está presente. Ya la historia nos ha demostrado cómo este demonio termina distorsionando las instituciones, generando un mal funcionamiento al sistema de justicia penal y, por consiguiente, generando impunidad.

Por último, cabe señalar que los criterios de interpretación de los tribunales, con el llamado 'nuevo paradigma' de interpretación de los Derechos Humanos, han sido aprovechados por algunos personajes políticos en donde las acusaciones terminan disolviéndose por una mínima falla procesal, y los sujetos implicados quedan libres a pesar de no llegarse al fondo de las investigaciones, mucho menos a la verdad judicial sobre los hechos, gracias a las fallas procesales cometidas por agencias investigadoras, ministerios públicos o jueces, convirtiéndose estas instituciones en eficaces maquinarias de lavado de dinero, pues las personas denunciadas ya no podrán ser molestadas de nueva cuenta por la acusación del mismo delito escudándose en el principio *Non bis in ídem.*

Este estancamiento pone de manifiesto que, a pesar de las reformas y los nuevos enfoques legales de interpretación, los problemas estructurales y funcionales siguen obstaculizando un verdadero avance en la lucha contra la corrupción. La falta de independencia en los nombramientos, la politización del sistema penal y las limitaciones en la voluntad política son factores que continúan afectando negativamente la efectividad de la justicia penal en este ámbito.

En conclusión, aunque se han dado pasos hacia la reforma y modernización del sistema de justicia penal, estos no han sido suficientes para lograr un cambio significativo en la lucha contra la corrupción. La persistencia de prácticas y estructuras arraigadas sigue siendo un obstáculo que impide una aplicación eficiente y justa de las leyes, subrayando la necesidad de una reforma más profunda y comprometida para enfrentar este problema de manera efectiva y que la sociedad reclama con urgencia.

Bibliografía y referencias

Acuerdo A/011/14 por el que se crea la Fiscalía Especializada en materia de Delitos relacionados con Hechos de Corrupción y se establecen sus atribuciones, *Diario Oficial de la Federación,* 12 de marzo de 2014, disponible en: http://dof.gob.mx/nota_detalle.php?codigo=5336635&fecha=12/03/2014

AMPARO CASAR, María, *México. Anatomía de la corrupción,* México, CIDE e IMCO, 2015.

BADILLO, Diego, "Principales escándalos de corrupción documentados por la ASF", *El economista,* 28 de febrero de 2021, disponible en: https://www.eleconomista.com.mx/politica/Principales-escandalos-de-corrupcion-documentados-por-la-ASF-20210228-0002.html

BARRAGÁN, José, *El Presidente mexicano y el sistema de responsabilidades al que está sujeto,* México, Universidad de Guadalajara, 2001.

BARTRA, Roger, *Regreso a la jaula,* México, Debate, 2021.

BERNAL, María, *Raúl Salinas y yo. Desventuras de una pasión,* México, Editorial Océano de México, 2000.

BINDER, Alberto, "Corrupción y sistemas judiciales", en *Sistemas Judiciales. Una perspectiva integral sobre la administración de justicia,* publicación semestral del Centro de Estudios de Justicia de las Américas, México, año 6, No. 11, 2006.

Boletín número 750, Senado de la República, 16 de noviembre de 2018, disponible en: http://comunicacion.senado.gob.mx/index.php/informacion/boletines/42728-suman-corrupcion-y-robo-de-hidrocarburos-a-la-extincion-de-dominio.html#:~:text=El%20Senado%20de%20la%20Rep%C3%BAblica,sujetos%20a%20extinci%C3%B3n%20de%20dominio.

CÁRDENAS, Salvador, *Administración de justicia y vida cotidiana en el siglo XIX: elementos para una historia social del trabajo en la Judicatura Federal y en los Tribunales del Distrito,* Dirección General de Casas de la Cultura Jurídica y Estudios Históricos de la Suprema Corte de Justicia de la Nación, México, 2007.

CASAS, Ernesto, et. al., *Sistema nacional anticorrupción: implicaciones jurídicas y repercusiones en materia de transparencia y acceso a la información en Tamaulipas,* México, Colofón–Universidad Autónoma de Tamaulipas, 2017.

CASTELLANOS, Fernando, *Lineamientos elementales de derecho penal,* 38ª. ed., México, Porrúa, 1997.

Código Penal para el Distrito y Territorios Federales en materia de fuero común, y para toda la república en materia de fuero federal, *Diario Oficial de la Federación,* 14 de agosto de 1931, disponible en: https://www.diputados.gob.mx/LeyesBiblio/ref/cpf/CPF_orig_14ago31_ima.pdf

COSSÍO VILLEGAS, Daniel. *El Estilo Personal de Gobernar,* México, Editorial Joaquín Mortiz, S.A., 1974.

CRUZ, Armando, *Federalismo Fiscal Mexicano,* Porrúa, México, 2004.

CRUZ, Armando, *Federalismo y la coordinación fiscal federal y estatal en México,* Porrúa, México, 2012.

Decreto de reformas a los artículos 219, 220 y derogación del 221, del Código Penal para el Distrito Federal en Materia de Fuero Común y para toda la República en Materia de Fuero Federal., *Diario Oficial de la Federación,* 3 de enero de 1980, disponible en: https://www.dof.gob.mx/nota_to_imagen_fs.php?codnota=4845466&fecha=03/01/1980&cod_diario=208441

Decreto de 4 de octubre de 1824 – Constitución federal de los Estados Unidos Mexicanos, Cámara de Diputados, disponible en: https://www.diputados.gob.mx/biblioteca/bibdig/const_mex/const_1824.pdf

Decreto por el que se expide la Ley Federal de Remuneraciones de los Servidores Públicos, Reglamentaria de los artículos 75 y 127 de la Constitución Política de los Estados Unidos Mexicanos y se adiciona el Código Penal Federal, *Diario Oficial de la Federación,* 5 de noviembre de 2018, disponible en: https://www.dof.gob.mx/nota_detalle.php?codigo=5542914&fecha=05/11/2018#gsc.tab=0

Decreto por el que se expide la Ley General para Prevenir, Investigar y Sancionar la Tortura y Otros Tratos o Penas Crueles, Inhumanos o Degradantes; y se reforman, adicionan y derogan diversas disposiciones del Código Penal Federal, de la Ley de la Comisión Nacional de los Derechos Humanos, de la Ley del Sistema Nacional de Seguridad Pública y de la Ley de Extradición Internacional, *Diario Oficial de la Federación,* 26 de junio de 2017, disponible en: https://www.dof.gob.mx/nota_detalle.php?codigo=5488016&fecha=26/06/2017#gsc.tab=0

Decreto por el que se reforman, adicionan y derogan diversas disposiciones del Código Penal Federal en Materia de Combate a la Corrupción, *Diario Oficial de la Federación,* 18 de julio de 2016, disponible en: https://www.dof.gob.mx/nota_detalle.php?codigo=5445043&fecha=18/07/2016

Decreto por el que se reforman, adicionan y derogan diversas disposiciones de la Constitución Política de los Estados Unidos Mexicanos, en materia política-electoral, *Diario Oficial de la Federación,* 10 de febrero de 2014, disponible en: https://www.dof.gob.mx/nota_detalle.php?codigo=5332025&fecha=10/02/2014#gsc.tab=0

Decreto por el que se reforman, adicionan y derogan diversas disposiciones del Código Nacional de Procedimientos Penales; del Código Penal Federal; de la Ley General del Sistema Nacional de Seguridad Pública; de la Ley Federal para la Protección a Personas que Intervienen en el Procedimiento Penal; de la Ley General para Prevenir y Sancionar los Delitos en Materia de Secuestro, Reglamentaria de la fracción XXI del Artículo 73 de la Constitución Política de los Estados Unidos Mexicanos, de la Ley de Amparo, Reglamentaria de los artículos 103 y 107 de la Constitución Política de los Estados Unidos Mexicanos, de la Ley Orgánica del Poder Judicial de la Federación, de la Ley Federal de Defensoría Pública, del Código Fiscal de la Federación y de la Ley de Instituciones de Crédito, *Diario Oficial de la Federación,* 17 de junio de 2016, disponible en: https://www.dof.gob.mx/nota_detalle.php?codigo=5441763&fecha=17/06/2016#gsc.tab=0

Derechos del pueblo mexicano. México a través de sus constituciones, 6ª. ed., México, Cámara de Diputados – Miguel Ángel Porrúa, t. X., 2003.

Diagnóstico sobre la Fiscalía Especial Contra la Corrupción, perteneciente al Ministerio Público de la República de Honduras, Proyecto de fortalecimiento del Estado de Derecho en Honduras, USAID, 2005, disponible en: https://caj.fiu.edu/espanol/proyectos/honduras/diagnostico-fiscalia—anticorrupcion.pdf

Dictamen de las Comisiones unidas de Puntos Constitucionales; de Anticorrupción y Participación Ciudadana; de Gobernación, y de Estudios Legislativos, segunda, sobre la minuta con proyecto de decreto por el que se reforman, adicionan y derogan diversas disposiciones de la Constitución Política de los Estados Unidos Mexicanos, en materia de combate a la corrupción, Senado de la República, México, 16 de abril de 2015, disponible en: https://www.senado.gob.mx/comisiones/puntos_constitucionales/docs/Corrupcion/Proyecto_dictamen_160415.pdf

DURÁN, Valeria et al., "Fábrica de empresas fantasma desvió más de 3 mil 617 mdp de Veracruz", *Mexicanos contra la Corrupción y la Impunidad,* disponible en https://contralacorrupcion.mx/red-karime-duarte/fabrica-de-empresas-fantasma-desvio-mas-de-3-mmdp-de-veracruz.html

ESPARZA, Bernardino y Silva, Alejandra, *Cómo investiga el ministerio público los hechos de corrupción,* México, INACIPE, 2018.

FOWLER, Will (coord.), *Gobernantes mexicanos,* t. I: 1821-1910, México, Fondo de Cultura Económica, 2008.

DE LA FUENTE, Jesús, *Delitos financieros teoría y casos prácticos,* México, Porrúa, 2005.

GUILLÉN, Raúl, *Breve estudio sobre los intentos por establecer en México, los juicios orales en materia penal,* México, UNAM, Instituto de Investigaciones Jurídicas, 2012.

HERNÁNDEZ, Antonio y VALADÉS, Diego (coords.), México, UNAM, Instituto de Investigaciones Jurídicas e Instituto de Estudios Constitucionales del estado de Querétaro, 2022.

ISAZA, Carolina, *Tesis doctoral: Arreglos institucionales de rendición de cuentas para el control de la corrupción en Colombia,* España, Universidad Complutense de Madrid – Facultad de Ciencias Políticas y Sociología, 2012, disponible en: https://eprints.ucm.es/16232/1/T33922.pdf

KRAUZE, Enrique, *México: Biografía del poder*, México, Editorial Planeta Mexicana, 2017.

KRAUZE, Enrique, *Crítica al poder presidencial 1982-2021*, México, Editorial Debate, 2021.

KRAUZE, Enrique, *La presidencia imperial. Ascenso y caída del sistema político mexicano (1940-1996),* México, Tusquets Editores, 1997.

KRAUZE, Enrique, *Siglo de caudillos. Biografía política de México (1810-1910),* Barcelona, Tusquets Editores, 1994.

La experiencia italiana en la lucha contra el crimen organizado y la corrupción, México, INACIPE-UNODC, 2020.

LANGER, Máximo, *Revolución en el proceso penal latinoamericano: difusión de ideas legales desde la periferia,* Argentina, CEJA-JSCA, 2016, disponible en: http://biblioteca.cejamerica.org/handle/2015/3370?show=full

MABARAK, Doricela, *Derecho penal fiscal,* México, Lazcano Garza editores, 1993.

MADERO, Francisco, *La sucesión presidencial en 1910,* México, Colofón, 2006.

MÁRQUEZ, Daniel y CAMARILLO, Beatriz, *La diasdoralogía como una teoría del fenómeno de la corrupción en México,* México, Universidad Nacional Autónoma de México-Instituto de Investigaciones Jurídicas, 2019.

MERINO, Isaac y SERRANO, J.L. *El Delito fiscal,* España, Editoriales de derecho reunidas, S.A, 2004.

MERINO, Mauricio, *El futuro que no tuvimos,* México, Editorial Planeta, 2012.

MEYER, Lorenzo, *Nuestra tragedia persistente,* México, Debate, 2013.

MOLINA, Héctor, "A tambor batiente, investigaciones por corrupción de funcionarios", *El Economista* [en línea]. Consultado 04 de junio de 2019 en https://www.eleconomista.com.mx/politica/A-tambor-batiente-investigaciones-por-corrupcion-de-funcionarios-20190507-0012.html

MONREAL, Ricardo, *Iniciativa con proyecto de decreto por el que se reforma el artículo 19 de la Constitución Política de los Estados Unidos Mexicanos, en materia de delitos graves,* disponible en: http://infosen.senado.gob.mx/sgsp/gaceta/64/1/2018-09-20-1/assets/documentos/Inic_Sen.Monreal_Art.19_CPEUM_210918.pdf

MONSIVÁIS-CARRILLO, Alejandro, "Corrupción y legitimidad democrática en México" en *Revista de Sociología,* México, núm. 3, (julio-septiembre de 2020), UNAM e Instituto de Investigaciones Sociológicas.

MONTES DE OCA, Rodolfo, *Hacia una procuración de justicia autónoma en el Estado de Sonora. Retos y perspectivas,* México, [en prensa].

DEL MORAL GARCÍA, Antonio, "Justicia penal y corrupción", en *Análisis singularizado de la ineficacia procesal, en prevención y tratamiento punitivo de la corrupción en la contratación pública y privada,* Luisiana Valentina Graffe González (coord.), España, Dykinson, S.L., 2013.

NADER, Kuri, *El control penal de la corrupción en México,* México, Tirant lo Blanch, 2021.

NÚÑEZ, Juan, "Principales sucesos nacionales del segundo semestre del 2016", *Análisis plural, voto de castigo a la corrupción e impunidad en México,* México, ITESO, 2016.

OLMOS, Raúl, "Brotan más sobornos de Odebrecht por 9 MDD que involucran a otros 7 funcionarios", *Mexicanos contra la Corrupción y la Impunidad,* 27 de octubre de 2021, disponible en: https://contralacorrupcion.mx/sobornos-odebrecht-por-9-mdd-involucran-7-funcionarios

PÁSARA, Luis, *Cómo sentencian los jueces del Distrito Federal en materia penal,* México, UNAM, 2006.

PEÑA, Víctor, *Meta-análisis de la transparencia. Organizaciones, arreglos institucionales y políticas públicas diseñadas desde la desconfianza,* México, Tirant lo Blanch, 2021.

Primer Informe Anual del Comité Coordinador del Sistema Estatal Anticorrupción de Sonora, Secretaría Ejecutiva del Sistema Estatal Anticorrupción de Sonora, México, 2018, disponible en: https://drive.google.com/file/d/1q3FezRz6IvloKJ41b6ZZ7fITT_o-bjah/view

RENTERÍA, Adrián y GUILLÉN, Raúl, *Los principios en el procedimiento penal acusatorio,* México, UNAM, Instituto de Investigaciones Jurídicas, 2022.

ROMERO, Jorge, "La historia sin fin de la corrupción en México", *Sin Embargo,* México, disponible en: https://www.rendiciondecuentas.org.mx/la-historia-sin-fin-de-la-corrupcion-en-mexico/

SILVA-HERZOG, Jesús, *El antiguo régimen y la transición en México,* México, Editorial Planeta, 1999.

SILVA-HERZOG, Jesús, *La casa de la contradicción,* México, Taurus, 2021.

TAPIA, José, *Nuevo sistema nacional anticorrupción,* México, Porrúa, 2018.

TENA RAMÍREZ, Felipe, *Leyes Fundamentales de México 1808-2002,* 23ª ed., México, Porrúa, 2002.

Tesis s/n, *Semanario Judicial de la Federación,* Octava Época, t. XI, enero de 1993, p. 335. No. de registro: 217616.

TORRES, Mario, *Teoría y práctica de los delitos fiscales,* México, Porrúa, 2000.

TORRES, Octavio, "6 momentos clave del sexenio de Carlos Salinas de Gortari", *Expansión política,* 26 de abril de 2022, https://politica.expansion.mx/mexico/2022/04/26/6-momentos-clave-del-sexenio-de-carlos-salinas-de-gortari

VALADÉS, Diego, "Consideraciones teóricas sobre constitucionalismo y corrupción, en la Constitución y el combate a la corrupción", en *La Constitución y el combate a la corrupción,* Antonio María Hernández y Diego Valadés (coords.), México, UNAM, Instituto de Investigaciones Jurídicas e Instituto de Estudios Constitucionales del estado de Querétaro, 2022.

VILLAMIL, Jenaro, *Cleptocracia. El nuevo modelo de la corrupción,* México, Grijalbo, 2018.

ZARCO, Francisco, *Historia del Congreso Constituyente de 1857,* México, Tribunal Superior de Justicia del Distrito Federal, 1991.